Claudio Magris

STADELMANN

Garzanti

Prima edizione: settembre 1988

ISBN 88-11-67240-6

Stadelmann

a mia madre

Personaggi

Carl Wilhelm Stadelmann, ex servitore di Goethe
Menz, inviato del borgomastro di Francoforte
Ispettore dell'ospizio dei poveri a Jena
Schramek, un ricoverato dell'ospizio
Körner, ottico e meccanico di corte
Steffi, lavandaia all'ospizio
Madame Schnips, tenutaria di un bordello
Un magnaccia
Il barbiere
Il postiglione
Lori, una giovane ragazza
Un oste
Un'ombra
Schlosser, parente di Goethe
Il borgomastro di Francoforte
Amalia Schoppe, attrice
Il direttore dell'ospizio
Un medico
Un messo
La voce di Goethe
Vecchi dell'ospizio, sguattere, lavandaie, prostitute, studenti,

consiglieri municipali e patrizi di Francoforte, un consigliere ecclesiastico, un garzone, un guardiano dell'ospizio, camerieri, dame, cavalieri.

I Tempo

1.

(La scena è per due terzi invisibile, avvolta nell'oscurità. A sinistra uno spazio luminoso, ritagliato nel buio come da un riflettore. Si vedono, su due piccoli cavalletti vicini al muro, due grandi fogli di cartone appoggiati verticalmente, uno bianco con un cerchio nero al centro e uno nero con un cerchio bianco. Qualche metro a destra, quasi sull'orlo del buio, un tavolo, dove Stadelmann sta lavorando con pezzi di cartone, colla e forbici. Va un paio di volte dal tavolo ai due cartoni sui cavalletti, misurando attentamente i due cerchi con un compasso)

VOCE DI GOETHE (*si vede solo l'ombra del suo profilo stilizzato, proiettato come una silhouette sul muro; la voce proviene dall'oscurità che avvolge i due terzi di tutta la scena*) Allora, Stadelmann, sono uguali? Perfettamente uguali, no? Ecco, così, molto bene. Su, sbrighiamoci. Tutto con calma, ma anche senza perdere tempo. Venite qui, sì, è la distanza giusta. (*Stadelmann torna indietro, si ferma al margine dell'ombra; su di lui, in alto, la silhouette di Goethe*) Osservate attentamente i due cerchi, così, bravo, ancora — cosa vedete?

STADELMANN Come, cosa vedo...

GOETHE (*con impazienza*) Guardate i due cerchi! Ecco, così, molto bene. Allora?

STADELMANN Ma... quello bianco è più grande... (*si vede il cerchio bianco ingrandirsi*)

GOETHE Bravo, proprio così! Esattamente un quinto più grande. Un oggetto scuro appare più piccolo di uno chiaro della stessa dimensione. Gli abiti neri fanno più magre le persone, la falce di luna in congiunzione sembra ridotta di un quinto rispetto alla stessa falce di luna in opposizione, se n'era già accorto il vecchio Tycho Brahe...
(*Musica. Scompaiono i due cartoni e al loro posto, un po' più in alto, con un gioco di luci, si vede un cielo notturno con due bianche falci di luna inizialmente uguali, una delle quali poi si rimpicciolisce mentre l'altra si dilata, finché si sovrappongono in una sola che poi si scinde e ricompone di nuovo, un paio di volte, finché si torna alla scena di prima*)

STADELMANN Ma i cerchi sono uguali, li ho tagliati io, è un'illusione, un errore dei sensi...

GOETHE I sensi non mentono, Stadelmann, ricordatevene! Se il Vecchio ha voluto che noi vedessimo verde o rosso e non quei numeri di cui parlano i matematici, saprà bene perché lo ha fatto. I due cerchi sono uguali, ma al nostro occhio quello chiaro appare più grande, non c'è scampo.

Io vi insegno una legge, Stadelmann, in barba a Newton e ai suoi fanatici. Non disprezzate mai i sensi, Stadelmann!

STADELMANN Beh, se è per questo non credo che Vostra Eccellenza debba stare in pensiero, anzi semmai proprio l'altro giorno, alla locanda, Vostra Eccellenza mi ha —

GOETHE Non fate lo spiritoso, Stadelmann. Sapete che chiudo volentieri un occhio, e anche due, su certe cose, che fra l'altro non mi dispiacciono in un giovanotto, purché abbia il buon senso e il buon gusto di non parlarne e di non fare chiacchierare la gente.

STADELMANN Ah io sono come un pesce e poi in queste faccende quelli che aprono sempre la bocca sono quelli che, quando si viene al sodo, si lasciano scappare i bocconcini, li conosco bene quei tipi...

GOETHE (*continuando per conto suo*) Già, alla gente interessa solo quello, raccontarle grosse oppure aggrapparsi alle falde di una giubba, per poco che uno s'inalzi al di sopra di loro, per vedergli un pezzo di biancheria — come gli piacerebbe, a tanti gentiluomini e dame di Weimar, di sapere cosa andavamo a fare, io e il duca, per i boschi e i villaggi e le capanne dei pastori... e invece non ne sapranno mai niente, del resto son cose di cui non vale la pena di parlare. Piuttosto, Stadelmann, vi ricordate di quando è entrata la ragazza?

STADELMANN Se mi ricordo? E chi potrebbe dimenticare quell'attimo, Eccellenza? Là, da quella porta dell'osteria, nella penombra e nel fioco chiarore del tramonto, con quel viso bianco, tanto luminoso sotto i capelli neri, e quello scialle rosso, rosso scarlatto... mi sono anzi permesso di scrivere un paio di versi e se Vostra Eccellenza volesse avere la bontà, come altre volte —

GOETHE Sì sì Stadelmann, lo so, avete del talento, niente male, e poi ognuno è capace di scrivere versi, anche buoni... basta studiare, applicarsi. Lavorare, lavorare...

STADELMANN Certo, certo, ma — chissà perché, basta un viso di donna così e uno si sente come vuoto dentro, un po' felice ma anche tanto, beh, no, non triste, però — ecco, in quel momento, Eccellenza, mi sono ricordato che una volta, da bambino, ero rimasto in chiesa quando gli altri erano già andati via, e io là, con quelle candele, solo... e poi quel seno bianco, candido, che si vedeva sotto lo scialle...

GOETHE Non si vedeva nessun seno, Stadelmann, quella locanda è un posto come si deve e quella figliola anche, per questo vi ho detto di lasciarla in pace, quando volevate andarle dietro, già, per aiutarla a prendere l'acqua — però avete una buona memoria per i colori, devo ammetterlo, un occhio ben esercitato — capelli neri, volto bianco e scialle rosso e quando, dopo essersi fermata per qualche istante intimidita, si è allontanata tutta ritrosa, sul fondo della parete bianca davanti a noi si vedeva un volto nero circondato da un bagliore chiaro, e un vestito color verde.

STADELMANN Sì, quell'immagine sul muro che è sparita così presto, quel rosso che diventa verde e il viso che splende nero come un carbone nel fuoco e i capelli chiari e pieni di luce, per qualche secondo... perché solo qualche secondo? La mattina è sempre così scuro, quando mi alzo... Io sì che gli avrei detto subito, a quell'attimo là sul muro, di fermarsi, anche se —

GOETHE Lasciate stare adesso quel Faust, Stadelmann, è già molto se ci capisco qualcosa io — torniamo a lavorare, prendete quella figura nera, là, e quel cartone grigio... (*Si spegne la luce, tutta la scena affonda nell'oscurità*)

2.

(*Si accende la luce su tutta la scena. Una squallida stanza, il parlatorio dell'ospizio di Jena; qualche panca, un tavolo, finestre che sembrano occhi ciechi, sulla parete un ritratto del granduca e della granduchessa di Sassonia-Weimar. Stadelmann è in piedi, gira e rigira fra le mani un berretto, lo sguardo assorto e lontano. Rispetto alla scena precedente, è naturalmente invecchiato; è un po' oltre i sessant'anni, alto e magro, vigoroso ma sciupato e trasandato. Indossa un frack stinto, sotto il quale si vede un gilet con l'orlo giallo. Vicino a lui l'ispettore sorvegliante dell'ospizio e Menz, appena arrivato da Francoforte per incarico del borgomastro. Dietro la porta alcuni vecchi dell'ospizio, che guardano dentro curiosi*)

STADELMANN (*guardando nel vuoto, ancora perso nel ricordo*) Sì, come vi dicevo, ci teneva più a quelle sue teorie sui colori che alle sue poesie, ne so qualcosa io, altro che questi professori che adesso —

ISPETTORE Va bene va bene, l'abbiamo già sentita questa storia, Stadelmann, il signor Menz non è venuto fin qui da Francoforte per impararla a memoria anche lui.

UN VECCHIO (*oltre la porta*) È uno di Francoforte, chissà cos'è venuto a fare.

UN ALTRO VECCHIO Forse a metterlo dentro, magari per qualche porcheria di trent'anni fa. Per conto mio —

MENZ È proprio perché sappiamo che avete tanti ricordi, tante cose da raccontare, che il borgomastro ha pensato, in questa significativa occasione...

UN TERZO VECCHIO Hai visto che anche stanotte Kunz se l'è fatta addosso? E magari adesso vorranno che sia io a pulire la sua merda.

IL PRIMO VECCHIO Pare che anche quest'anno, a Natale, ci sarà l'oca. Oddio, l'oca, un pezzetto, ma — dunque vediamo, una settimana, due, tre, no, aspetta, oggi è il — ma di cosa stanno parlando, Dio buono?

STADELMANN (*quasi parlando per conto suo*) E bisogna averli visti quei colori, come li ho visti io — ma chi li vede più adesso, senza lui che me li mostra e me li spiega... (*si toglie qualche filo dal berretto e resta a guardarlo*)

MENZ Sarà una grande festa, degna del più grande poeta della Germania e della nobile, libera città imperiale che gli ha dato i natali.

ISPETTORE Mettete giù da qualche parte quel berretto, Stadelmann.

STADELMANN (*si scuote e si rivolge a Menz, dandosi un altro tono*) Eppure proprio io, a suo tempo, gli ho fatto scoprire un paio di cosette che neanche lui, senza di me, avrebbe mai... sapete, una volta, a tavola, c'era una bella bottiglia, ah un Eilfer dell'undici, il vino del secolo, lo chiamava lui, che se ne intendeva, come anch'io, del resto... e allora, dicevo, quella sera –

MENZ Interessante, molto interessante, si capisce, tutto ciò che riguarda Goethe è molto interessante. Vedrete come saranno contenti di ascoltare questa storia a Francoforte, di sentire uno dei pochi che hanno conosciuto Goethe e che, dopo tanti anni, sono ancora –

STADELMANN Sì, proprio dei pochi, in ogni senso. Già allora, nonostante...

UN VECCHIO Ma chi è che lo vuole ascoltare? E su cosa?

UN ALTRO VECCHIO Una festa? E lo invitano, a lui?

UN TERZO VECCHIO Ma sì, sarà sempre per quella vecchia solfa, di quando stava col suo grande poeta, lo sappiamo.

MENZ E vedrete che bel monumento. Sarà una bella soddisfazione anche per voi, per tutti.

STADELMANN Ah sì, se avranno voglia di starmi a sentire,

ne avrò delle belle da raccontare — sempre che, guardando in faccia quei signori, si veda che ne valga la pena, perché, capite, tutti son capaci di star lì ad ascoltare qualche bella storia, ma...

ISPETTORE Stadelmann...

MENZ Ma?

STADELMANN Ma, ma... ecco, come posso dire, un monumento va bene, si capisce, anzi ci vuole, ma lui, altro che monumento, era! Qualche volta andava per le spicce, che anche i soldati della scorta, quella del duca, restavano di sasso... e altre volte pareva un diavolo, che lo acchiappi di qua e ti salta fuori di là...

ISPETTORE Stadelmann, adesso non mettetevi —

MENZ Ma no, ma no, anzi, qualche episodio sconosciuto della vita del poeta sarà tanto più gradito, graditissimo, qualche nuovo esempio della sua grandezza, della sua nobile umanità...
Inalzando questo pregevole monumento, la città intende proprio —

STADELMANN Sì, sapeva essere anche un monumento, eccome, tutto imponente e serio a non dir niente o a dire solo qualche banalità che però ti faceva soggezione... Ma qualche volta mi pare che, di noi due, fossi io il monumento... sì, correvo tutto il giorno su e giù per lui, ma sempre uguale e bravo al mio posto, come una statua... Anche se qualche volta — Ma sì, ma sì, vedrete che non vi farò fare brutta figura, anzi, anzi, sono onoratissimo della fiducia, e spero...

MENZ Ma certo, andrà tutto benissimo e, tenendo presente le particolari circostanze, e l'opportunità e le convenienze...

STADELMANN Ho vissuto otto anni con Sua Eccellenza, no? E gli scrivevo il diario, anche le lettere e insomma... Adesso mi vedete così, in questo... ma una volta... anche i libri... (*fieramente*) insomma dite al borgomastro che non si pentirà della considerazione che ha voluto dimostrarmi.

UN VECCHIO Lo sapevo che prima o poi avrebbe cominciato a sballarle grosse!

ISPETTORE Non datevi tante arie, Stadelmann, avete solo la fortuna che il professor Riemer sia malato, se no nessuno si ricordava di voi. È solo perché lui non può venire, che vi hanno invitato.

STADELMANN Se credete che ci resto male... come se non sapessi, dopo tanti anni che ho vissuto con lui, che tutti sono sempre solo al posto di qualche altro...

UN VECCHIO Adesso comincia a essere su di giri — vedrete —

ISPETTORE Invece di tante chiacchiere, andate a preparare la vostra roba, magari la bottiglia lasciatela sotto il letto, in quel bel nascondiglio segreto...

MENZ (*imbarazzato*) Ah già, come si diceva poco fa col signor Direttore, volevo giusto raccomandarvi, anche se so bene che non è necessario...

STADELMANN (*con un sorriso*) Ho capito, signor Menz, state tranquillo. Anche se, in omaggio a lui, che beveva due bottiglie al giorno –

ISPETTORE State al vostro posto, Stadelmann!

STADELMANN Volentieri, se sapessi qual è...

ISPETTORE Un posto all'ospizio, lo sapete meglio di me, e potete anche ringraziare il cielo.

MENZ Non è il caso, proprio ora che avevo avuto il piacere di constatare di persona, secondo il desiderio del borgomastro, come il signor Stadelmann sia in condizione di venire a Francoforte... condizione di salute, intendo, si capisce, perché – e in quanto affezionato e fedele servitore del poeta...

ISPETTORE Ex-servitore, per essere precisi.

STADELMANN Ognuno è un ex, ex non so cosa, solo che molti non se ne accorgono.

UN VECCHIO (*dietro la porta*) Lui ha almeno la consolazione di non essere un ex-ubriacone, questo proprio no... (*risate*)

UN ALTRO VECCHIO Sta' zitto, se solo qua dentro fossero tutti come lui –

STADELMANN (*senza badare agli altri*) Ex, ex, ex tutto... io almeno sapevo per chi la portavo, la livrea, per chi andavo su e giù tutto il giorno... mentre lui, anche lui sapeva di essere solo al servizio di qualcuno, una giubba con tante belle onorificenze, ma non sapeva di chi... qualche volta, quando lo vedevo girare nella camera dei busti, fra la statua di Venere e quella di Schiller, mi pareva di veder passare una veste da camera o una marsina vuota, sospesa nell'aria...

MENZ (*frettoloso*) Beh, a Francoforte ci metteremo un po' d'accordo sul programma, su cosa dire al pubblico, un pubblico scelto e ristretto... e voi, come testimone del poeta, come un suo specchio fedele, se così posso dire —

STADELMANN Proprio proprio specchio no, signor Menz. Ah no, io non ero la sua copia conforme e registrata, come dicevano di Seidel, che è stato a suo servizio tanti anni prima di me e camminava come lui, scuoteva la testa come lui, scriveva come lui... eh già, lui è diventato ricco, un vero rispettabile signore borghese, mentre io — lui è poi anche finito al manicomio, non diceva una parola, neanche si accorgeva quando uno gli andava vicino...

ISPETTORE (*fra sé*) Magari sarà stato anche lui una bella spugna.

STADELMANN (*continua assorto*) ... chissà, forse a furia di assomigliargli ha finito per diventare come lui, una maschera senza niente dietro, e quando se n'è accorto era troppo tardi, era già tutto vuoto, uno spaventapasseri in un giardino, nel giardino del manicomio...

ISPETTORE È veramente... se dipendesse da me, io...

MENZ Che triste storia, proprio tragica... eh, la vita, alle volte... Il destino di un grande poeta, poi...

STADELMANN (*senza badargli*) ... eh sì, Sua Eccellenza aveva la forza di non essere niente, ma gli altri che gli andavano dietro non ce la facevano, io l'ho capito subito, e gli ho resistito, sì perdìo gli ho resistito e per non lasciarmi tirar giù, per non essere come lui, oltre alle due famose bottiglie ne bevevo qualche volta anche una terza, magari una quarta, se potevo — e allora sì che stavo bene, quando mi veniva sonno e mi sentivo bello pesante, anche se mi toccava andare in giro a sistemare, mettere a posto, pulire, copiare, tenere i conti, accendere e spegnere le candele, e su e giù fino all'una di notte... ma io ero tutto bello pesante, come quando si sta seduti d'estate alzando la testa verso il sole caldo caldo, e il mondo è rosso come dietro le palpebre abbassate, come le ombre colorate di Sua Eccellenza, come il vino... e quando mi veniva un rutto mi sentivo qualcuno, mi sentivo Stadelmann...

ISPETTORE Avete sicuro bevuto di nuovo, vergognatevi! Ah ma non abbiate paura, Menz, saprò ben io, vedrete —

MENZ Arrivederci a Francoforte, Stadelmann, mi raccomando, mi raccomando a tutti...
(*Si avvia verso la porta, mentre si spengono le luci*)

3.

(*Nello stanzone dell'ospizio. Stadelmann è solo, seduto sul letto*)

STADELMANN Ma guarda, chi se l'aspettava, dopo tanti anni, chi ci pensava più... veramente sì che ci pensavo, ma non glielo volevo far vedere a questi qua (*dà un'occhiata agli altri letti vuoti della camerata*) non gli volevo dir niente, solo qualcosa ogni tanto, giusto per fargli venir la voglia — Adesso se ne accorgeranno...
Vediamo un po', prima devo mettere a posto quella legna nel giardino, poi andrò a salutare, si capisce, poi c'è da preparare la roba, e poi —
(*scende dal letto e si avvia verso la porta*)
Certo che...

4.

(*Nel giardino dell'ospizio, brullo e spoglio. È inverno. Stadelmann e Schramek — un vecchio pressappoco della sua età, senza una gamba — stanno tagliando dei pezzi di legno, soffiandosi sulle mani per il freddo. Indossano abiti da lavoro, malamente rattoppati; Schramek tira ogni tanto fuori dalla tasca una fiaschetta e dà una sorsata*)

STADELMANN Su, dai, tieni dritto il legno.

SCHRAMEK E che te ne sbatte di tagliare giusto? Hai da fare bella figura o senti il dovere di guadagnarti quella merda calda che ci danno ogni sera a cena? Prendi piuttosto un sorso.

STADELMANN No grazie, adesso no.

SCHRAMEK Ah, dimenticavo, ci stiamo preparando a fare i gentiluomini a Francoforte.

STADELMANN Ti prego, sbrighiamoci.

SCHRAMEK Perché tanta fretta? Mica c'è già là fuori la diligenza, manca ancora qualche giorno, no, che smania... E là dentro si sta forse meglio? Con questa qui (*beve dalla bottiglia*) sento più caldo che vicino alla stufa.

STADELMANN Passami l'accetta.

SCHRAMEK Subito, aspetta un momento... guarda che bella lama, un po' spuntata magari, ma... zac! E queste macchie di ruggine — forse è sangue, chissà di chi... Quando a Lipsia quella palla mi ha spappolato la gamba, vedevo il sangue che mi scorreva via da tutte le parti, tanto sangue, e pensavo che se uno mi avesse dato da bere una botte di vino da mandar giù senza prender fiato, glugluglu, tanto vino giù in gola quanto era il sangue che scappava dalla coscia, pensavo che non sarei morto, e pensavo al vino, a quel rosso, pensavo... anche se quelli che mi hanno messo sulla barella mi hanno detto, dopo, che prima di svenire gridavo e gridavo forte, altro che pensare —

STADELMANN Avanti, dammela qua.

SCHRAMEK Un po' di pazienza, signor cameriere segreto del consigliere, no, cameriere del signor consigliere segreto... non ho tanti altri giocattoli, siate buono col povero bravo bambino, lasciatelo giocare — Sai, da quando mi hanno tagliato la gamba, a Lipsia, con un affare che non era poi tanto differente, mi ci sono affezionato, a questi aggeggi... zac, l'albero cade e la gamba se ne va per conto suo, se si potesse tagliare in due la terra, bella e tonda com'è, spaccarla come un'anguria e farne venir fuori tanto sugo rosso... guarda come sta bene questa chiazza rossoscura sul ferro, come brilla questa macchia sporca...

STADELMANN Tiri sempre fuori queste cose, mi ripeti ogni volta quella scena orribile... capisco che per te... ma —

SCHRAMEK Ma sì, lo sappiamo, tu preferisci invece parlare sempre di quei falò che ti sei visto giusto un anno dopo, nell'anniversario (*enfatico*) della nostra grande vittoria di Lipsia sui francesi — (*battendosi sulla coscia*) e di questo ricordino che mi hanno lasciato quei francesi. Dovevano essere belli tutti quei fuochi sulle colline, eh? E anche le colline erano belle rosse, ma per le vigne, no? eh già, era ottobre, come l'anno prima...

STADELMANN Che ottobre indimenticabile... ero il primo a leggere le sue poesie per Marianne, quei versi orientali...

SCHRAMEK (*battendosi di nuovo sulla gamba di legno*) Indimenticabile anche per me, certo, proprio unico... doveva essere un gran bello spettacolo, quella sera, vedere i falò da quel posticino fra i vigneti, col tuo Consigliere e la sua pollastra che cinguettano e si strofinano nel buio, il cornuto contento che guarda dall'altra parte e tu seduto anche tu ad ammirare la scena e quello che si gode la tua Eccellenza, tanto non potevi far altro... sempre meglio comunque che starsene per terra in un lago di sangue come me, giusto giusto l'ottobre prima.

STADELMANN Senti, se credi che non capisca...

SCHRAMEK Certo, capisci benissimo e ti dispiace tanto, ma di queste cose, di gambe tagliate, quello là ti ha insegnato a non parlare, no? Non è buona educazione, anche tu storci il naso quando io apro la bocca, come quei signori che lo storcono quando sei tu a parlare a vanvera o quando, a differenza di oggi, questa (*alza la bottiglia*) te la sbaciucchi un po' troppo anche tu — Su, bevi!

STADELMANN Ti ho già detto che non ho voglia.

SCHRAMEK Per quello che ti può fare adesso... potevi averli un po' prima, questi scrupoli. Così Sua Eccellenza non ti avrebbe sbattuto fuori.

STADELMANN Non è stato per questo... non solo per questo. E neanche per quei conti, che anzi io scrivevo anche i centesimi per una candela, come lui mi aveva insegnato. Che poi quando il dottor Weller ha messo in chiaro che tutto era a posto, a postissimo, lui si è compiaciuto e complimentato che io —

SCHRAMEK Però ti ha licenziato. Misteri dei signori. Noi invece non possiamo licenziare nessuno, non possiamo dire all'ispettore complimenti signor ispettore, siete una cannonata ma la vostra faccia oggi non mi piace, ho la luna di traverso, ecco il benservito e levatevi dai piedi, con tanti auguri e figli maschi. Se potessi almeno licenziarmi a me, sbattermi fuori da questo ospizio della malora...

STADELMANN Sì, lui faceva presto a togliersi gli impicci, si levava di dosso la gente come una camicia o un paio di scarpe... anche la piccola Ulrike, per la quale ha fatto tante pazzie ed era pronto a farne tante più grosse, qualche settimana dopo non la ricordava quasi più.

SCHRAMEK Beh, con le donne aveva ragione, è così che bisogna fare.

STADELMANN Sai come ha detto, a quel pranzo in onore della bella polacca? (*gesticola come facendo un brindisi*) «Io non ammetto memoria, non c'è passato di cui dobbiamo avere nostalgia, tutto è sempre eternamente nuovo!». Ma se penso a me, alla mia vita, mi pare che non ci sia mai stato niente di nuovo...

SCHRAMEK (*battendosi sulla gamba*) Per me, invece, questa è stata una vera novità.

STADELMANN Forse per questo non dimentico niente...

SCHRAMEK Ah, io dimentico tutto.

STADELMANN E io niente... e qualche volta ho una tale confusione, mi gira quasi la testa... anche se penso a Francoforte, non so cosa dire, cosa fare...

SCHRAMEK Una bella scoreggia, Carl, in faccia a tutti, come la tromba del giudizio! Tanto con quel vento che tira da quelle parti, dopo un attimo non si sentirà più neanche quel sospiro... (*si riattacca alla bottiglia, Stadelmann rientra in casa*)

5.

(*Il laboratorio dell'ottico e meccanico di corte Körner. Strumenti, lastre di vetro, lenti d'ogni tipo sparpagliate qua e là. Körner è un uomo attempato ma ancora solido, parla lentamente, con pedanteria. Stadelmann è vicino a lui, gli va dietro con aria un po' imbarazzata, mentre l'altro continua ad affaccendarsi*)

KÖRNER Bene bene, Stadelmann, mi congratulo, mi compiaccio. Proprio una bella soddisfazione. E mi raccomando...

STADELMANN Insomma, dottore, non —

KÖRNER Va bene, va bene, come siete permaloso. Se c'è uno che vi ha dimostrato la sua stima, che vi ha dato fiducia, che vi ha fatto lavorare per anni, sono io, no? E non è certo per colpa mia, se poi —

STADELMANN Lo so lo so, è stata colpa mia — (*prende un vetro*) che bel vetro al piombo, proprio come quelli che gli piacevano tanto...

KÖRNER Sì, il Consigliere, debbo dire, si rivolgeva sempre

a me, per quei suoi esperimenti... interessantissimi, interessantissimi. Quando aveva bisogno di una lente, di un filtro –

STADELMANN Ne ho fabbricati tanti, di vetri al cromo come questo...

KÖRNER E ne avete fracassati quasi altrettanti, quella volta, dopo quella bella baldoria e la baruffa con Kunz, altra buona lana anche lui... Io ve lo dicevo, ve l'ho sempre detto, Stadelmann, un bicchiere fa bene, due non fanno niente, tre –

STADELMANN La conosco anch'io quella filastrocca, c'è su tutti i lunari di paese.

KÖRNER Beh, acqua passata... spero. Chissà cosa vi aveva preso in quel periodo... sì, capisco, il dolore per la scomparsa di quella povera anima, ma c'è modo e modo –

STADELMANN Dolore...?

KÖRNER (*scandalizzato*) Dico per la povera Rosine-Marie, che Dio la benedica, quella santa di vostra moglie che ha avuto tanto da tribolare...

STADELMANN Ah sì, ha avuto da tribolare, sì...

KÖRNER Ed è stato dopo la sua morte, giusto dieci anni fa, che avete cominciato sì insomma a lasciarvi andare, oddio cominciato, non è che prima... però... tanto che io stesso, a malincuore, pur apprezzando le vostre capacità, a un certo punto ho dovuto, non ho potuto fare a meno, dopo l'ennesimo...

STADELMANN (*fra sé*) Rosine-Marie... già, solo dieci anni, eppure... e io che dicevo che non dimentico niente... era bionda, una volta, e di sicuro quando l'ho conosciuta nella bottega di suo padre non avrà avuto quella faccia così stanca, ma — dormire, alzarsi, ritornare a letto la sera, per ventitré anni... e quel cuscino che finiva sempre per terra, era all'inizio o...

KÖRNER Era proprio un angelo. Quando le era venuta quella febbre maligna, e voi eravate in viaggio col Consigliere, sono stato felice di poterla aiutare e lei, poverina, diceva sempre che le avevo salvato la vita... ah, che angelo.

STADELMANN Ah sì, aveva avuto quella tremenda febbre, è vero...

KÖRNER Eh, che soddisfazione sarebbe anche per lei, adesso, a Francoforte... Fatelo anche per lei, questo viaggio, e mi raccomando, niente sciocchezze, sapete come le piangeva il cuore quando voi, ogni tanto —

STADELMANN Sì, sì... (*con energia*) Dottore, vi ringrazio. Arrivederci.

KÖRNER E poi mi racconterete com'è andata, son proprio curioso di —

STADELMANN Certo, certo. (*allontanandosi*) Arrivederci, dottor Körner.

6.

(Nella lavanderia dell'ospizio, una specie di capannone oltre il giardino. Panni, lenzuola, tinozze, biancheria sporca per terra. Steffi, vicina a Stadelmann, sta sciacquando; è una donna di mezza età, ingrassata e sfiorita, ma con un piglio sanguigno e vitale che rende ancora visibile la bellezza d'un tempo. Accanto ai due compaiono e scivolano via alcune figure femminili, contemporaneamente reali — lavandaie e sguattere di oggi e di ieri — e immaginarie, evocate dalla fantasia di Stadelmann)

STADELMANN Allora, Steffi.

STEFFI Toh, chi si vede. Se non fosse che conosco da secoli un paio di brache malmesse che mi arrivano ogni tanto in vasca, in barba al regolamento, avrei creduto che tu avessi tirato i cracchi.

STADELMANN Un po' di pazienza, ancora solo poca pochina... ah sì, scusa per i calzoni, grazie, so che non si deve, ma siccome Lisa, quando viene a fare le pulizie in parlatorio, dice sempre che è sicura che tu, sì che a te non — allora pensavo...

STEFFI Il lupo perde il pelo e anche il vizio, ma gli uomini, vedo, non perdono mai quel tono, sì insomma, quel tono come dopo una scopata... ah come la conosco bene questa parlantina innocente, quest'aria di chi domanda scusa e intanto si mette già le scarpe, neanche cinque minuti dopo il fattaccio...

STADELMANN (*cingendole la vita*) Non sono poi tanto brutti, questi fattacci, no? Dio che fianchi, ma per te il tempo non passa mai, sì dico, ma hai fatto tu il patto col diavolo, proprio un Faust in gonnella e io sono il can barbone, il barbone del diavolo, bau, bau. (*l'abbraccia fingendo di morderla*)

STEFFI (*divincolandosi, ma non troppo*) Qui i cani si buttano fuori con la scopa... piantala, stupido, che poi vorrei vedere, se si venisse al dunque — aah, ma sei proprio —

STADELMANN (*cambia improvvisamente tono e le appoggia la testa sulla spalla, accarezzandole dolcemente la schiena*) Vorrei dormire, Steffi, non scherzo, dico solo dormire, qui con te... perché andare a Francoforte, poi?...

STEFFI Sì, ho sentito questa storia. Insomma come sempre sei venuto a trovarmi per salutarmi, ti vengo in mente solo quando stai per andare via da qualche altra parte.

STADELMANN Sì, appunto, cioè no, volevo dirti che andrò là, e poi tornerò qua, e... ma adesso, se ci penso, tutto quel viaggio, e quella gente, chi la conosce, quelle facce nuove... sarebbe bello invece andare a casa tua, a casa tua di una volta, in fondo al vicolo, ricordi...

STEFFI È strano che tu te ne ricordi... hai avuto tanta fretta di andartene, quella volta... Va', va' a Francoforte, il viaggio è meno lungo —
(*Si spegne la luce, tutto resta al buio. Dopo un brevissimo intervallo la luce si riaccende e illumina uno spazio un po' più a sinistra — per chi guarda — e verso il fondo. È una cucina,*

Stadelmann — più giovane — è seduto e due ragazze gli portano una birra ciascuna)

STADELMANN E dopo che avevamo già suonato la seconda serenata, quella mi fa: dico, non si sarà mica messo dei grilli in testa, non penserà di prendersi delle libertà con me? Sono la figlia del maestro di posta! (*Tutti ridono. Stadelmann prende le birre, beve dall'una e dall'altra incrociando le mani, poi cinge la vita alle due ragazze, sempre tenendo i boccali in mano e cerca di avvicinarseli alla bocca, spingendo la testa in mezzo alle due ragazze, che ridono e strillano*)
Ah che birra, meglio questa, no, meglio quest'altra, ma no che non vi stringo, devo pur bere, no? ma perché la vita è così difficile? (*Le ragazze si dibattono*)

UNA RAGAZZA Lasciaci lavorare, dobbiamo ancora —

STADELMANN Solo se mi date un bacio, un bacio per ogni birra e una birra per ogni bacio...

L'ALTRA RAGAZZA Ecco! (*Gli prende la birra e gliela accosta alle labbra, baciando l'altra parte del boccale*)

STADELMANN È un imbroglio, una truffa, protesterò col tuo fidanzato!

STEFFI (*entra in cucina, le ragazze si scostano e Stadelmann si alza*) Si può o occorre l'invito?

STADELMANN (*la guarda a lungo, serio*) Scusate... Io mi chiamo Stadelmann, Carl Wilhelm Stadelmann...
(*I due si guardano, le ragazze si sono tirate indietro. Si spegne*

la luce. Quando si riaccende, illumina a destra lo spazio iniziale, la lavanderia dell'ospizio)

STEFFI Sì, ricordo bene come l'hai detto: Carl Wilhelm Stadelmann...

STADELMANN E io ricordo bene come sei entrata, con quel fazzoletto rosso intorno al collo, spavaldo, e quegli occhi neri come carboni, che mi guardavano in un modo, in un modo...
(*Si spegne la luce, che si riaccende illuminando un riquadro ancora più a sinistra, verso il fondo. L'interno di una stanza, un letto; si capisce che fuori è notte*)

STADELMANN Ti amo, Steffi.

STEFFI Non è vero, ma non importa. Ti amo io.
(*Si spegne la luce; si riaccende poi sulla scena iniziale nella lavanderia*)

STEFFI E infatti era proprio così. (*continua a risciacquare*)

STADELMANN No, credimi, non è vero, è difficile a spiegare, ma io veramente — so che sembra ridicolo, visto che poco dopo, quando tu — però devi capire anche tu che —

STEFFI Non ha importanza, mi è passata presto. E allora mi sono divertita anch'io. Eri un bell'uomo, i tuoi numeri li avevi, metà imbranato metà furbastro, come tutti gli uomini, sapevi anche farmi ridere — anche dopo — e che cosa vuoi di più? Quindi...

STADELMANN (*con passione*) Sì, hai ragione, sono stato disgraziato, ma ti amavo, Steffi, lo sai anche tu... quando ridevi buttando indietro i capelli e la gola, quella gola bianca e grande che mi tirava giù come un fiume... e quei tuoi seni come lune, quella peluria castana sulle braccia... (*le prende le mani e gliele bacia*) Che mani forti e grandi, ah ma perché...?

STEFFI Vorrei proprio saperlo anch'io, anzi toccherebbe semmai piuttosto a me chiedertelo, non ti pare, perché... (*si mette a canticchiare, riprendendo a risciacquare*) tu-lo-sai-com'è-non-si-sa-perché-poi-succede-che-si-domanda-ahimè-ma-chissà-perché-chissà-mai-perché...

(*Si spegne la luce, e nel buio si sente ancora la canzonetta, che assume a poco a poco, da sussurrata com'era prima, toni sguaiati. La luce si riaccende illuminando una parte della scena a sinistra, in fondo. È il bordello di Madame Schnips: sofà, cuscini per terra, alcune ragazze in fondo, una canta sfacciatamente la canzone. A poco a poco tutta la scena diventa sempre più fantasmagorica*)

MADAME SCHNIPS Avanti! Non mi riconosci? Molto ammirata ed infamata, io, Elena... (*ride*) Entrez, prego, questa è una piccola stazione di ristoro per i viaggiatori che soffrono di nostalgia. Un rimedio modesto per un male grande, dirà il signore, ma un rimedio efficace...

STADELMANN (*fa qualche passo, guardandosi intorno*) Eppure avrei giurato...

UNA RAGAZZA (*gli passa accanto sfiorandolo*) Qui non si giura...

STADELMANN Quella là, con quei due seni come lune... e quell'altra, là dietro — fermati, aspetta!
(*Nello sfondo s'intravvedono figure femminili, che accennano gesti di invito e di fuga, velandosi e scoprendosi*)

UN'ALTRA RAGAZZA (*che somiglia a Steffi*) Ero sicura che avresti finito per ritornare —

STADELMANN Come, tornare? Ma io non —

LA RAGAZZA Ma è tardi, quanto tempo...

STADELMANN Tanto tempo? Ma se sono rimasto sempre qui — (*la guarda*) Non è possibile, Steffi, non può essere, non è stata colpa mia... ma come hai potuto —

LA RAGAZZA (*indietreggiando*) A donne avvezze / all'amor degli uomini / non è concesso scegliere, / ma solo di conoscere; / ché ugual diritto accordano / sulle lor membra turgide... (*musica da café chantant*)

MADAME SCHNIPS Avete sentito? Se lo dice il poeta...

STADELMANN In malora il poeta! Steffi, dove sei? A me va bene anche così, qui si sta così bene, perché te ne vai...

CORO DELLE RAGAZZE Ché prigioniere ahimè, tutte, qui siamo / come già spesso fummo / dalla caduta ignominiosa d'Ilio / e dal penoso errar per labirinti / colmi di tanta angoscia...

MADAME SCHNIPS (*batte le mani*) Ragazze, qui tutte, da brave, le schiave del loro signore...
(*Le ragazze circondano e avvolgono Stadelmann, lo abbracciano*)

STADELMANN Io vorrei...

MADAME SCHNIPS L'erba voglio non cresce nemmeno nel giardino del re, non te l'hanno insegnato, moccioso? O te lo dobbiamo insegnare noi a sculacciate? Prendi quel che trovi sul piatto e ringrazia Dio della bella bistecca!

STADELMANN (*divincolandosi*) Ma io cercavo lei, quella... quella col fazzoletto rosso, con gli occhi neri –

MADAME SCHNIPS Vedo che al signorino dobbiamo proprio insegnargli l'abbicì. O fazzoletto rosso o occhi neri (*indicando una dopo l'altra le ragazze*) Articoli per tutti i gusti: coscia lunga, seno bocciolo, seno popone, qui c'è un gran culo, qui una bocca succhiona... Ma non conosciamo nessuna lei, che cos'è? Se chiedi un paio di belle chiappe, o due tettone di panna, sarà tutto più semplice.

STADELMANN Sì, è vero, tutto più semplice... (*afferra e tocca le ragazze, che gli si stringono addosso*) le tette, la gamba, quel piede... no, non mi scappi! (*si butta sul letto fra il mucchio delle ragazze, cercando di afferrare un piede che sgambetta fra i cuscini e le coperte*)

MADAME SCHNIPS Sprofonda, dunque! Ma potrei dir anche: sali!
(*Entra una specie di magnaccia, che assomiglia all'ispettore*)

MAGNACCIA L'ospizio non è un bordello e il bordello non è un ospizio, qui non si fa la carità! Ti farò sbattere fuori, ubriacone, puttaniere!

SILHOUETTE E VOCE DI GOETHE Sto aspettando, Stadelmann! (*la silhouette scompare*)

STADELMANN (*alzandosi a sedere sul letto, mentre le ragazze si allontanano verso il fondo*) Sì Eccellenza, lo so, sono già le quattro e mezzo, so che è l'ora di alzarsi, arrivo, ma sono andato a letto all'una, sì adesso mi alzo, vedrete sarà tutto a posto come sempre anche il conto tornerà è che mi sono confuso con quei numeri se solo potessi stare a letto ancora una mezz'ora, sono sicuro che se Vostra Eccellenza dà un'occhiata a queste ragazze avrà come sempre comprensione...

SILHOUETTE E VOCE DI GOETHE (*per un attimo, come prima*) Anche la mia pazienza ha un limite e quando è necessario troncare i rapporti con le persone moleste, purtroppo anche severamente —

STADELMANN Non lo farò più, Eccellenza, neanche un goccio — (*tira fuori da sotto il letto una bottiglia e la tende verso il vuoto*) Ma perché è così facile sbagliare, per un povero diavolo?

SILHOUETTE E VOCE DI GOETHE (*come prima*) Finché s'affanna l'uomo è soggetto all'errore, ma nel suo oscuro istinto un uomo buono sa sempre trovare la diritta via.

STADELMANN Sì, ma poi tutto scoppia come una bolla di sapone e addio bei colori...

MAGNACCIA La proroga è scaduta, fuori!

LA RAGAZZA CHE SOMIGLIA A STEFFI Non te ne andare, nessuno ha il diritto di mandarti via, non partire! (*scompare*)

STADELMANN (*si alza*) No, adesso devo proprio andare, non ho neanche preparato la mia roba — (*si avvìa verso l'uscita*)

CORO DELLE RAGAZZE Che accade, che accade, sorelle? / Guardatevi intorno! / Non era, dianzi, sereno? / Chi impone imperioso il ritorno / laggiù nell'ingrata penombra...

(*Si spengono le luci. Si riaccendono, illuminando la lavanderia*)

STEFFI (*fa una bolla di sapone, con l'acqua del bucato*) Ti diverti ancora, con le bolle di sapone?

STADELMANN Senti, Steffi... allora ci vediamo quando torno, ti racconterò —

STEFFI Io, per me, non mi farei questa sfacchinata. E poi non so perché la fai tanto lunga, neanche tu partissi per l'America...

7.

(*Nell'ospizio. Stadelmann è seduto su una sedia e il barbiere sta finendo di mettergli a posto barba e capelli*)

BARBIERE Ecco, così, magnifico, adesso sì che siete bell'e pronto per Francoforte. È la prima volta che uno dell'ospizio viene invitato fra i signori e quindi dobbiamo anche noi fare miracoli.

STADELMANN (*guardandosi nello specchio, compiaciuto*) Però —

BARBIERE Ah questo è niente, dovreste vedere quello che riesco a fare con i cadaveri, come li metto ben bene a posto per i funerali. Un mese fa mi hanno chiamato per uno che era annegato, una faccia gonfia che non vi dico, erano tre giorni che stava nell'acqua. Beh, con un po' di crema, forbici, rasoio eccetera l'ho sistemato che era un piacere vederlo, bello, paffuto, sereno, pareva che dormisse...

STADELMANN (*fra sé*) Ma guarda che beccamorto... (*guardandosi ancora nello specchio*) Complimenti, bravissimo — oddio, magari in questa faccia qui, proprio niente male, devo dire, ci ho messo forse qualcosa anch'io —

BARBIERE Molto meno di quanto crediate. Si vede che non sapete cos'è veramente un barbiere. Eh già, qui da voi non mi chiamano mica, né per i vivi né per i morti, a parte quest'occasione speciale... (*gli dà gli ultimi ritocchi, qualche colpo di forbice e di spazzola*) Vedete, una faccia, in se stessa, non è niente... (*gli dà qualche schiaffetto sulle guance*)

STADELMANN Ehi dico, capo, come sarebbe a dire, niente?

BARBIERE Sissignore, proprio così. Prendete per esempio una faccia al mattino, con tutte quelle borse sotto gli occhi gonfi... o la faccia di uno che ha mal di pancia, o che ha preso una sbornia, o che ha sfaticato come una bestia tutto il giorno... che cos'è? Niente. Chi è che la fa diventare qualcosa, una vera faccia? Il barbiere. Il barbiere è uno scultore, taglia, accorcia, allunga, arrotonda... Quando ho uno sotto le mani, come voi adesso, sapete a che cosa penso? Che sto lavorando su una maschera mortuaria.

STADELMANN Che vi venga — (*si tocca i testicoli, per scongiuro*)

BARBIERE E sapete perché? Perché le persone, in ogni momento, hanno sempre o una faccia stanca o una contenta o una triste o una arrabbiata insomma una faccia momentanea. Noi invece, fra barba capelli peli del naso foruncoli eccetera, ne tiriamo fuori una faccia ideale, valida per tutte le situazioni e gli usi. Una faccia classica, oserei dire a uno che ha avuto il privilegio di conoscere da vicino il nostro sommo poeta classico. Avete mai notato come tutte quelle belle statue antiche assomigliano a manichini? E che cos'è una maschera mortuaria, se non una faccia valida per l'eternità? (*gli dà l'ultima spazzolata*) Come la vostra, adesso.

STADELMANN Ma che razza di portascalogna... (*si alza scocciato*) Beh, comunque... insomma, sì, grazie —

BARBIERE Dovere, dovere. E vedrete, ve lo dico io, vedrete... (*esce*)

8.

(Nel camerone dell'ospizio. Stadelmann si prepara per il viaggio, tirando fuori alcune cose da un piccolo mucchio sul letto. Vicino agli altri letti, alcuni vecchi, che lo stanno guardando)

STADELMANN *(borbotta fra sé, rovistando)* Questa sì, una fumata non me la porta via nessuno, neanche lui, che non sopportava il tabacco, è riuscito a togliermi il vizio... *(mette da parte la pipa)* Questa sciarpa no, è troppo scalcagnata... ma dove sono finiti i guanti, che andavano ancora bene?
(gli capitano in mano, mentre butta all'aria le sue cose, due o tre mele) Ah già... *(porgendo le mele a un vicino)* Vuoi?

IL VECCHIO Ah, ecco da dove veniva quella puzza di marcio.

UN ALTRO Ma mettigliela... cosa crede, adesso, di farci la carità, di essere diventato un signore?

UN TERZO Che mummie rimbecillite... passamele, da' qua. *(ne morde una)* Grazie, Carl.

IL PRIMO VECCHIO E quella, che cos'è?

STADELMANN Ah, la sua marsina, me l'ha regalata che era ancora buona... *(la gira e rigira, mostrandola agli altri e osservandola attentamente)* Mica male, presentarmi là sul più bello con la sua marsina... vedete qua, queste macchie? *(indica la marsina, vicino al bavero)* Qui c'erano le sue decorazioni, che portava sempre tutte insieme, la Legion d'onore di Napoleone, l'ordine di Sant'Anna che gli aveva dato lo Zar e quello di Leopoldo, che aveva ricevuto dall'imperatore d'Austria... E come ci teneva! Diceva che non erano granché, ma che patacche così potevano servire da riparo contro qualche inconveniente...

IL SECONDO VECCHIO Ma come, quelli si scannavano fra loro, ma a lui gli davano tutti una medaglia e lui le portava tutte insieme?

STADELMANN Sì sì, gli mugugnavano dietro, per questo, ma lui se ne infischiava, poteva permettersi di star con te e col tuo nemico, con tutti e con nessuno... (*guardando le macchie*) Chissà se mi daranno anche a me una medaglia da appendere qui? Certo, con un bel coso così, magari — (*mette da parte la marsina*)

IL TERZO VECCHIO Sai cosa? Dovresti ricambiare l'invito e far venire qua il borgomastro e tutti quei signori e quelle dame, pensiamo poi noi a fargli un bel festino... (*gli altri ridono*)

IL PRIMO VECCHIO Ti hanno detto dove ti metteranno, proprio in un vero albergo, con la colazione in camera?

STADELMANN Non so, non ho idea, penso che...

IL SECONDO VECCHIO E quella, cos'è?

STADELMANN (*prende in mano una pietra*) Questa? Ah, è un pezzo di granito, che ho trovato sul Meno in quel viaggio... già, giusto trent'anni fa. Poche volte l'ho visto così contento come quella volta, quando ho adocchiato questo affare e pàffete sono saltato giù dalla cassetta, l'ho preso e lui ha steso la mano dal finestrino della diligenza: magnifica pietra, ragazzo mio, avete proprio uno sguardo d'aquila...

IL TERZO VECCHIO Ma ci teneva proprio tanto, a quella roba?

STADELMANN Perdìo se gli piacevano i minerali, le pietre, le conchiglie, non finivamo mai di raccoglierle, di portarle a casa, di sistemarle in scatole, casse, bacheche, vetrine... (*guarda le pareti nude della stanza*) Qui invece non c'è niente, e così uno a furia di vedere solo muri vuoti, finisce per guardarli come si guarda uno specchio e per pensare troppo a se stesso... lui, invece, aveva sempre davanti a sé tante, tante cose da vedere... i fossili, i minerali, tutti quei teschi e scheletri di bestie, l'erbario, le piante grasse, i soprammobili, i cammei, le stampe, i calchi di gesso... lui sì che sapeva non guardare dentro, come quella volta di sera che io stavo tutto imbambolato a fissare il vuoto e lui mi si è avvicinato senza che lo sentissi, mi ha messo la mano sulla spalla e mi ha detto: girate la testa dall'altra parte, Stadelmann, cercate sempre di guardare il mondo...
(*Entrano altri due o tre vecchi, e anche Schramek*)

UN VECCHIO Prova queste scarpe, forse sono un po' piccole, ma tanto, per pochi giorni...

UN ALTRO (*un po' rimbecillito e con un cappello in mano*) Il cappello ci vuole, ci vuole il cappello. Ma perché ti serve il cappello, dov'è che devi andare?

UN TERZO (*strappando di mano il cappello al precedente*). Da' qua, cretino. (*lo ficca in testa a Stadelmann*) Ti sta male, si capisce, ma come vuoi che un cappello da signore ti stia bene? Per me te la ficcheranno nel culo, in un modo o nell'altro, comunque.

IL SECONDO VECCHIO (*fra quelli di prima*) Sì sì, che vada a Francoforte, così romperà un po' le scatole anche a quelli là con tutte le sue storie, Consigliere di qua Eccellenza di là, che qui non ne possiamo più, ma chi crede di essere...

IL PRIMO VECCHIO Cerca di farti dare un po' di quelle belle salsicce e portale qua, più che puoi.

UN VECCHIO (*quello che era entrato portando il cappello*) Quali salsicce, chi ha preso le salsicce...

STADELMANN Grazie, grazie.

SCHRAMEK E questa per compagnia, non si sa mai... (*gli dà una bottiglia, che Stadelmann si mette in tasca macchinalmente*)

ISPETTORE (*entra con un paio di pantaloni in mano, che mette sul braccio di Stadelmann*) To', il direttore dice che non puoi andare in giro sbracato come adesso, a far ridere di tutto l'ospizio... E spicciati, la diligenza passa fra poco (*esce*)

I VECCHI Buon viaggio, Carl, addio! (*escono*)
(*Stadelmann resta immobile, col cappello in testa, i calzoni sul braccio e le scarpe in mano. Sipario*)

II Tempo

1.

(*Stadelmann è in viaggio, sulla diligenza; siede a cassetta, accanto al postiglione, gesticolando eccitato*)

UNA VOCE DALL'INTERNO DELLA DILIGENZA Venite dentro, vi prenderà un accidente, con tutto questo vento!

STADELMANN (*girando e abbassando la testa verso il finestrino*) No, grazie, preferisco star quassù, come ai vecchi tempi... no, non c'è troppo vento, e poi ci pensa questa (*tira fuori di tasca la bottiglia*) sì sì lo so, non preoccupatevi... Che bell'aria fresca, quassù non arriva neanche la polvere...

POSTIGLIONE Beato voi che non ve ne accorgete, io me la sento già da tutte le parti — eh sì, viaggiare, a voialtri, vi sembra chissà che, così una volta tanto, ma quando uno deve montare su ogni mattina e poi via tutto il giorno a vedere solo strade, si accorge che a viaggiare si prende solo mal di pancia e non si vede niente, solo curve a destra, e poi a sinistra, e poi a destra e poi a sinistra... ièeeh! (*incita i cavalli*)

STADELMANN Diavolo, corrono proprio bene... che luce, su quei prati laggiù, non sembra neanche inverno... e le nuvole, qua sopra... aveva ragione lui, com'è bello il mondo, e grande... certo che, a furia di star sempre là dentro, per tanti anni, uno — Attraversiamo quel bosco là in fondo o pieghiamo a destra?

POSTIGLIONE Ma sì, ma sì, a destra, non vedete che nel bosco non c'è neanche strada... e all'ospizio, come ve la passate?

STADELMANN Ma chi se ne frega dell'ospizio, che crepino... Però fa freddo (*beve*) Che vento, mai visto un vento così, e che giornata — così chiara, luminosa, lontana... chissà che paese è quello laggiù... Volete? (*gli porge la bottiglia*)

POSTIGLIONE Grazie (*beve*) Sì, buono.

VOCE DALLA STRADA Buongiorno, dottore!

STADELMANN A chi, dottore? Ah, capisco, è per il cappello, ma va bene lo stesso, buon giorno, buon giorno! (*si scappella*) Un cappello così è un vero dottore, *Doctor juris*, rispondete, dottore, abbiate la degnazione! Tanto, quando si levano il cappello, non è mai per noi, per nessuno di noi, lo sapeva anche lui che quando gli dicevano Eccellenza mica s'inchinavano proprio a lui, al figlio della signora Aja... siamo anche noi come quei suoi fogli di carta, che si vedono rossi o blu solo perché si è fissato a lungo qualche altra cosa...

POSTIGLIONE State un po' calmo, siete tutto sudato...

STADELMANN (*asciugandosi la fronte*) Sì, fa freddo, ma anche caldo... eh già, quella volta mica sudavo, trent'anni di più sono qualcosa, per quanto... che mese era, quando siamo andati in giro per il Reno e il Neckar? Luglio, mi pare, eh, allora si capisce... o era maggio? No, no, maggio era l'anno dopo, comunque io stavo sempre quassù...

POSTIGLIONE E non vi siete ancora stufato, di prender aria?

STADELMANN (*senza ascoltarlo*) E le pietre che raccoglievamo, e tutte quelle altre stranezze — E quei vini a Markobrunn, a Hattenheim, che Dio li benedica, sapevano di fiori, di di... ci siamo fatte tutte le locande, una a una... e anche se poi ho esagerato, non doveva dimenticare che anche lui, qualche volta —
(*rivolgendosi al postiglione*) E quando entravamo in un'osteria e io filavo dritto in cucina, venivano fuori tutti, l'oste e l'ostessa e le ragazze che lavavano i piatti, e tutti a farmi festa, a gridare: «Carl Carl! È arrivato Carl!»

VOCE DALL'INTERNO DELLA CARROZZA Insomma, Stadelmann, cosa succede lassù, che strillate come un'aquila?

STADELMANN Già, mi sono quasi dimenticato che mi chiamo Carl, adesso tutti mi chiamano solo Stadelmann...

POSTIGLIONE Una vitaccia, eh, a fare il cameriere di un signore come quello, che sicuro voleva essere servito di barba e parrucca...

STADELMANN Ah ma cosa credete, io gli scrivevo anche il diario, sissignore, non ero buono solo a copiare... e pare che lo vogliano pubblicare, sapete? Il Consigliere qualche volta mi tirava le orecchie, quando gli leggevo quello che avevo scritto sulla miseria dei contadini e il lusso di quegli stupidi signori fannulloni... il mondo è tondo, Stadelmann, diceva, è inutile volerlo far quadrare... ma sotto sotto non la pensava così neanche lui.

POSTIGLIONE Eh, vai a capirli, i signori... che poi quando vogliono mettersi a fare come noi — per un poco, si capisce, poi gli passa la voglia, però...

STADELMANN (*guardando lontano*) Come tutto sembra azzurro, da lontano! E quando poi saremo anche noi laggiù, mica saremo dentro l'azzurro... il colore dell'assenza, diceva lui, della privazione, di quello che ci manca... dunque, per me, di tutto, della vita... ma che corbellerie, sto proprio diventando rimbambito (*beve*)
Già, quanto azzurro... e quanto poco... azzurro... anche gli occhi di Lori erano azzurri, un azzurro profondo, quasi nero... come quei suoi capelli, così neri da sembrare blu, blu notte, una notte cupa ma anche luminosa, che faceva pensare a stelle lontane, nascoste...

POSTIGLIONE Volevo ben dire che prima o dopo doveva saltar fuori qualche sottana, non mi sembrate proprio un tipo che non — E chi era questa qua con gli occhi azzurri, no, neri, sì insomma...

STADELMANN Ah, era una che s'interessava tanto di minerali, sapete, di pietre, e li studiava... avreste dovuto vederla quando sorrideva, piegava un po' la testa sulla spalla e socchiudeva quegli occhi scuri, un tantino obliqui, abbassando le ciglia su due zigomi un po' sporgenti, ma solo pochino pochino, come certe dame ungheresi che si vedono alle terme di Karlsbad, in quei luoghi lì... sì, ti guardava così, di lato, come fosse stanca, e così tenera, in quella stanchezza... gli occhi miopi sembrano sempre pieni di dolcezza, diceva il Consigliere, per questo una bella donna un po' miope è spesso così incantevole... Me l'aveva affidata lui, perché la istruissi, la guidassi un po' nella mineralogia, capite, visto che era così appassionata, come diceva, ma poi...

(*Si spengono le luci; quando si riaccendono, poco dopo, si vede sempre la sagoma della diligenza. Pochi metri più avanti, Stadelmann — molto più giovane — e Lori stanno raccogliendo pietre*)

STADELMANN Ecco, questa gli piacerà di sicuro, guardate come è bianca, lucente.

LORI (*è una ragazza giovane, prende in mano la pietra*) Come è liscia, levigata —

STADELMANN Certamente dev'essere stata a lungo nell'acqua, chissà come è arrivata fin qui. È l'acqua che liscia le cose, le fa diventare così lucide, così dolci e rotonde. Una volta, sul Meno —

LORI Ve l'ha insegnata lui, la passione per i minerali?

STADELMANN Beh... in un certo senso, sì, anche se — certo che senza di lui non mi sarei mai, come dire, applicato... però anch'io, da parte mia... ricordate la tormalina che abbiamo visto ieri in bacheca?

LORI Quella che pare ora rossocupa ora azzurrina, e in certi momenti trasparente? Bellissima —

STADELMANN (*avvicinandosi a lei e guardandola negli occhi*) Sì, azzurra e bellissima, come i vostri occhi... (*dandosi un tono*) È un silicato, lo sapete, no? *Lapis electricus*, si chiama, perché attira gli altri corpi... vi piace ballare?

LORI Cosa c'entra il ballare, adesso...

STADELMANN (*con aria spavalda*) Niente, ma se noi vogliamo può entrarci benissimo, eccome. Basta andare stasera al *Cervo bianco*...

LORI Vi prego, sapete bene che stasera c'è il ricevimento (*si siede*).

STADELMANN (*sedendosi vicino a lei*) Lo so, c'è sempre qualche accidente, si può far di tutto, tranne vivere... anche da bambino la cosa più difficile era giocare con il cane... il prato era dietro la casa, il cane sempre lì, non c'era niente al mondo che mi piacesse di più, eppure, quando incominciavo a correre con lui, c'era sempre qualcosa: Carl, vieni qui! Carl, va' a prender legna, Carl, vieni a salutare il signor maestro... così io tornavo indietro, il cane restava un po' a guardarmi e poi si rimetteva a correre, da solo.

LORI Come sapete raccontare bene le cose, Stadelmann.

STADELMANN Solo a voi, agli altri non mi viene da raccontare niente, solo qualche fanfaronata... questa del cane, per esempio, non l'avevo mai detta a nessuno, non me la ricordavo neanche più, siete voi che me l'avete fatta tornare in mente... sapete, quando sorridete in quel modo, piegando la testa e socchiudendo un po' gli occhi, ecco, io vorrei raccontarvi tutto, anzi no, vorrei stare ad ascoltarvi...

LORI Siete molto caro, Stadelmann —

STADELMANN Carl...

LORI Sì, Carl...

VOCE DI GOETHE (*dall'interno della diligenza*) Stadelmann, pregate la signorina di tornare in carrozza, noi andiamo al castelletto, voi pensate intanto a quelle bottiglie di Hochheimer che avete ordinato a Kräuter, mi raccomando, ne sono rimaste solo tre.
(*Lori si alza e si avvìa verso la carrozza; si alza anche Stadelmann, che la segue con lo sguardo. Si spengono le luci, che si riaccendono sulla scena di prima, con Stadelmann a cassetta, vicino al postiglione*)

STADELMANN Come col cane, la stessa cosa... quegli occhi, quegli zigomi un po' irregolari, quei capelli neri che cadevano sulla spalla quando inclinava la testa e sorrideva timida... avrei potuto passar la vita a guardarla... e invece tutti sempre a gridare: Carl qua, Stadelmann là...

POSTIGLIONE Ah, manca tutto, ma non mancano certo i rompiscatole.

STADELMANN (*scuotendosi*) Beh, adesso però sono all'altro mondo, tutti, e io intanto sono quassù, vivo, e vado a

Francoforte... Avanti, più presto, più presto! (*si sbraccia, come incitando i cavalli*) Arriva il dottore, largo al dottore, il mio cappello è dottore dell'università di Jena!

2.

(*In un'osteria, durante una sosta del viaggio. Stadelmann è a tavola, un po' alticcio, e sta concionando con l'oste e altra gente del luogo*).

STADELMANN (*sbraita, con grandi gesti*) Nossignori, neanche per idea, padronissimi gli studenti di fare feste e balli finché vogliono, niente di male, anzi, per aver sottomano qualche bella ragazza tutte le occasioni sono buone, prima qualche parolina, poi si canta, si balla, si allungano le mani e il resto viene da sé — ma senza tutte queste pagliacciate di politica e di rivoluzione, e questi discorsi in aria da teste calde e vuote, che poi guastano anche la festa! Che gli studenti pensino a studiare e a chiavare, a ciascuno il suo! (*tracanna il bicchiere e se lo riempie di nuovo*)

OSTE Giustissimo, così almeno non cacciano nei guai noialtri, che ogni volta che si mettono a cantare quelle solfe sulla rivoluzione e la libertà, la polizia il giorno dopo se la prende con noi, e magari ci fa chiudere bottega!

POSTIGLIONE (*bevendo*) Sì, siamo sempre noialtri, a essere fregati! Ah, io per me —

UN GIOVANOTTO Vergognatevi, con gente come voi saremo sempre schiavi — svegliati, Germania!

QUALCHE ALTRO Sì, viva la Germania! (*intonano la Canzone del Reno*) O stranier, mai ci verrà meno / il tedesco libero Reno...

STADELMANN Buffoni, Germania non vuol dire niente, è un imbroglio per gli esaltati!

UN UOMO (*evidentemente uno che viaggia con Stadelmann*) Calmatevi, Stadelmann.

POSTIGLIONE Sì, non è proprio il caso di prendersela. Ah, io per me —

STADELMANN Un vero tedesco pensa all'Europa e al mondo, ricordatevi di quello che diceva Goethe!

IL PRIMO GIOVANOTTO Quello era un leccapiedi di Napoleone e dei principi, e tu glieli leccavi a lui!

STADELMANN E tu leccami il culo, imbecille!

IL GIOVANOTTO È solo perché sei un vecchio con un piede nella fossa, se no —

STADELMANN Prova, signorino, che ti faccio vedere io (*si alza e fa per gettarsi su di lui; gli altri li dividono, torna un po' di calma*)

L'UOMO DI PRIMA Stadelmann, insomma, vi prego —

UN ALTRO AVVENTORE (*a Stadelmann*) Vi siete troppo abituato ai palazzi, voi, anche se magari dormivate in soffitta... i contadini che marciscono nelle capanne si ammazzano di fatica e crepano di fame, e intanto i signori si grattano tutto il giorno e s'ingozzano come maiali!

STADELMANN E lo dici a me, che quando giravo col Consigliere scrivevo sul diario tutte le porcherie contro la povera gente che mi vedevo intorno? Si capisce che la colpa della rivoluzione è dei fottuti signori, ma quando si scatena la rivoluzione e viene su la teppa, sono solo altri fottuti padroni che tagliano teste per ingrassare col sangue le loro salsicce, come si fa col maiale quando si preparano i sanguinacci... solo un giusto principe e l'ordine possono impedire che l'anarchia, e l'ingiustizia... e... e... e insomma...

L'AVVENTORE Il mondo è cambiato, caro mio, e neanche un Goethe potrebbe farci nulla... non state a prendervela troppo con quelle canzoni e quei duelli e quelle sbornie di birra degli studenti, che non mi vanno neanche a me, non è questo il punto...

STADELMANN Giusto, già solo il fatto che gli piaccia tanto la birra me li fa andare di traverso.

L'AVVENTORE Birra o vino... ma vi siete guardato in giro, avete visto quanta gente c'è, gente che preme, che cambia, che non può continuare a tirare il carro come prima, come sempre — forse dalle vostre finestre non le vedevate, queste facce che ancora sbadigliano intontite, ma cominciano a guardarsi intorno... ci vuol altro che un buon principe che offra da bere per il suo compleanno, caro mio —

UN GIOVANOTTO È il principe che fa le leggi ingiuste, è la legge che fa l'ingiustizia!

UN ALTRO Bisogna ribellarsi, fargliela vedere!

STADELMANN Ma a chi, ignorante? Bisogna operare giustamente, con pazienza, con... con... cosa volevo dire, mi sono perso... (*beve*) ah sì, dicevo, con l'ordine c'è la cultura, la... e la cultura insegna il rispetto e dunque a non far torto alla gente... e... e insomma se uno spazza davanti alla sua porta, intanto — (*rovescia involontariamente una bottiglia e un piatto, che finiscono per terra*)

UN GIOVANOTTO Incomincia tu a tirar su queste porcherie!

POSTIGLIONE Ma perché vi scaldate tanto? Ah, io per me —

UN ALTRO GIOVANOTTO Siete un'offesa per i veri tedeschi!

STADELMANN Me ne frego, dei veri tedeschi... Umanità, ecco, l'umanità...

UN ALTRO Viva la Germania, viva la libertà!

UN ALTRO Guerra ai palazzi, pace alle capanne!

STADELMANN I tedeschi non saranno mai un popolo! Goethe —

UNO DEI GIOVANOTTI (*gli dà uno schiaffo*) Questo è per te, rinnegato, farabutto, e anche per il tuo padrone!

STADELMANN (*si getta su di lui, incespica, cade a terra trascinando con sé piatti e bottiglie*) Vigliacchi, brutte bestie, aspettate che –

OSTE Basta, chiamate qualcuno, qui fracassano tutto! (*Il postiglione e l'altro viaggiatore aiutano Stadelmann a rialzarsi e lo spingono verso la porta*)

L'UOMO Andiamo, adesso si parte. Non vi vergognate, alla vostra età... (*escono*)

3.

(*Francoforte, davanti all'albergo Al Cigno. È notte, Stadelmann è appena arrivato e sta salutando quelli della diligenza, che riparte*)

POSTIGLIONE Bene, mi fa piacere che siate ben sistemato. Sì sì, proprio bene. Adesso porto questa baracca alla stazione di posta, e anche per oggi è finita. Beh, buonanotte (*si avvìa verso il fondo, dove s'intravvede la sagoma della diligenza, ed esce*)

STADELMANN (*sulla porta dell'albergo*) Buonanotte... (*fa qualche passo nella strada*) Che strana luna... il cielo è sgombro, ma con questa luce le cose sembrano velate, nascoste... chissà quali cose, poi... quella laggiù, con le due torri basse, dev'essere la chiesa di San Leonardo... tutto buio, anche stavolta... non finivamo più di girare per le strade, quella notte... eh si capisce, doveva essere luglio, o

agosto, l'aria era tiepida — e lui, come si appoggiava al mio braccio, con quel piede gonfio, ero io che camminavo per tutti e due... come siete forte, Stadelmann, mi ha detto quando abbiamo girato l'angolo della piazza... e quando siamo arrivati davanti a casa sua, là sul *Hirschgraben*, dov'era nato, tutta addormentata in quel silenzio, ho sentito che per un attimo il suo braccio non faceva più muscolo, si abbandonava e si appoggiava come un bambino, lasciandosi quasi andare... e quando la vecchia pendola ha cominciato a battere i suoi colpi, dentro la casa, e io gli ho detto, così, tanto per dire, «come una volta, Eccellenza, quando eravate un bambino, chissà come vi commuove pensare al passato», lui si è staccato da me e mi fa, tutto secco, «il passato non esiste, Stadelmann, si è fatto tardi, andiamo a dormire», e via da solo, strascicando quel piede gonfio ma diritto, e anche svelto...
(*Si è un po' inoltrato, parlando fra sé, nella strada. Da un angolo gli viene incontro una figura femminile, come un'ombra*)

L'OMBRA Mezzo tallero, carino, e per un tallero un'ora intera...

STADELMANN E dopo dieci minuti, cosa facciamo per tutto il tempo? Capisco che li porto bene, ma oltre i sessanta —

L'OMBRA Potresti spiegarmi i minerali, mostrarmi la tormalina...

STADELMANN Come? Ma chi sei? Devo essere pazzo, o ubriaco —

L'OMBRA (*ritraendosi*) Su, monta in carrozza, non come quella volta –

STADELMANN Ma che stupidi scherzi...

L'OMBRA La notte è scura, blu, come capelli neri neri, ma anche luminosa...

STADELMANN Basta... preferisco pagare un tallero, anche per niente...

L'OMBRA Vuoi dire solo per un sorriso, un sorriso così...

STADELMANN Non è possibile, io non – aspetta, ti prego, vieni qui –

L'OMBRA Perché non mi hai voluto bene? Era così facile, essere felici... (*sparisce*).

STADELMANN Sì che ti ho voluto bene, sì... ma non era facile, era tutto così difficile... (*stende le braccia*) Dove sei, dove sei andata...

4.

(*Francoforte, una grande sala del Römer, il Municipio, nella quale si stanno preparando le celebrazioni goethiane. Numerose persone, che attorniano Stadelmann*)

STADELMANN Un ducato, un ducato gli ho messo in tasca,

a quelli dell'orchestra del teatro, perché gli facessero una bella serenata all'alba, per il suo compleanno, il ventotto agosto del... del... ma sì, del 1815, si capisce, erano i suoi giorni felici con Marianne Willemer, quando ci occupavamo di poesia persiana... insomma, un bel ducato, e poi quello là non mi va a rovinare tutto con —

UNA DAMA E la moglie di quel calzolaio, a Erfurt?

STADELMANN Ah, la signora Vogel, una bellezza, una vera bellezza, ve lo dico io, pienotta e rotondetta... beh, doveva essere certo così, gli sono sempre piaciute le urì del paradiso musulmano, come diceva lui... La donna ha da essere una luna, una luna piena... Ma soprattutto, come mi ripeteva a Erfurt davanti a quei campi di papaveri, non dovevano essere guastafeste —

UN CONSIGLIERE MUNICIPALE E quali poeti apprezzava di più?

STADELMANN Ach, ne apprezzava molti, troppi, benevolo e indulgente com'era... ma poeta, vero grande poeta era solo lui, ne so qualcosa io...

UN CONSIGLIERE ECCLESIASTICO E, sia pure a suo modo, era un grande spirito devoto, religioso...

STADELMANN Più di tutti i preti del mondo, certo. Quel suo senso, come dire... sì, del divino, del tutto, di qualcosa...

UN PROFESSORE DI GINNASIO E quella sua arte inarrivabile, così greca, così tedesca, così edificante per la gioventù... per me, il suo capolavoro resta *Erminio e Dorotea*, con la sua moralità che supera la bufera della rivoluzione...

STADELMANN Il suo capolavoro, diceva lui, era la *Teoria dei colori*, e avrà ben saputo perché lo diceva, no? E anch'io, modestamente, ho dato il mio piccolo contributo a quell'opera immortale –

UNA DAMA Ma è vero, a proposito, che si credeva immortale?

STADELMANN (*incerto*) Volete dire se, da vecchio, non pensava di dover morire? Beh, ecco, è vero che a una certa età uno... però...

IL CONSIGLIERE ECCLESIASTICO E quelle sue sentenze, quelle sue auree massime, sempre così equilibrate, così sagge –

STADELMANN Sì, ma poi era anche un bel tipo, che vai a capirlo... come quella volta che mi ordina di mettere una bottiglia di vino, di vino rosso, su una finestra, con un bicchiere, e un'altra, con un altro bicchiere, sull'altra finestra. E lui comincia ad andare su e giù per la stanza, prima a una finestra, e giù un bicchiere, poi a quell'altra, e giù un altro bicchiere, e così avanti, su e giù, finché mi domanda: è il ventotto, no? E io, no Eccellenza, è il ventisette. Imbecille, fa lui, vuoi saperne più di me? È il ventotto, il mio compleanno. Domando scusa, Eccellenza, dico io, ma oggi è il ventisette. Dammi il calendario, animale, e io glielo porto, lui guarda ed esclama, hai ragione, sacramento, è il ventisette, e io che mi son sbronzato per niente! (*Tutti ridono*)

UNO DEI PRESENTI Ma com'era, Goethe, veramente?

STADELMANN Lui? Ecco... come dire... grande, è l'unica parola, proprio grande. Quando metteva sul suo tavolo la *Trilogia della passione*, rilegata in cartone blu, e mi diceva di accendere due candele, e si metteva a leggere ad alta voce quei versi in cui ci sono anch'io, eh già, mi ha messo dentro anche a me, uno di quei «fedeli compagni» sono io, proprio io... quando ascoltavo quei versi sentivo che là c'era tutto, la felicità il dolore l'addio, tutto quello che non abbiamo mai avuto, e forse neanche lui...

IL PROFESSORE Non capisco...

STADELMANN Neanch'io, c'è poco da capire...

UN FUNZIONARIO (*mostrandogli una maschera mortuaria di Goethe*) Questa la metteremo nel vestibolo, subito dopo l'ingresso, così i visitatori, appena entrati... voi lo ricordate più giovane, no? Sì perché negli ultimi otto anni, da quando —

STADELMANN Coraggio, sputate fuori, da quando mi ha licenziato... Ma cosa c'entrano otto anni in più o in meno, una maschera è una maschera, sono tutte uguali, prese a trent'anni, a cinquanta, a novanta... eh sì, perché è sempre la maschera di un morto, e i morti non hanno età... guardate questa faccia tutta bella riposata e soddisfatta, con l'aria di uno che dice, quello che c'era da fare l'ho fatto e adesso tutto è a posto. E invece niente non è a posto, quando uno è morto...

UNA DAMA Insomma non la trovate somigliante?

STADELMANN (*mostrando la maschera*) Ma credete sul serio che una faccia così potesse scrivere il *Werther* o il *Faust*? Ma guardate (*si pizzica le guance flosce e il mento, si tira la pelle sotto gli occhi*) non vedete questa ciccia vuota e ammuffita, queste borse sotto gli occhi, credete che lui non le avesse, lui che in certi periodi aveva anche una ridicola pancia, e poi quelle gambe storte? È proprio perché —

UN CONSIGLIERE Vi prego signor Stadelmann, non è il caso di —

UNA VOCE NEL GRUPPO Che villano, l'avevo detto io...

IL CONSIGLIERE ECCLESIASTICO Sì, la fragilità della carne, certo, è un nobile pensiero, ma...

STADELMANN (*continuando*) È proprio perché lo sapeva, lo sapeva fino in fondo che miseria e puzzo è questa nostra carcassa e che cattivo alito ci viene fuori dopo una bella sbornia, che è stato un grande poeta, il più grande, l'unico... altro che questa bella maschera distinta e melensa, che va bene per qualsiasi mezza tacca...

UN CONSIGLIERE (*tossicchiando*) Bene, bene... ma adesso passiamo nell'altra sala, vedrete che interessante... (*si avvia, con Stadelmann e gli altri, nella sala adiacente*) Ecco, qui vedete le sue conchiglie, i pezzi di lava vulcanica e alcuni dei famosi disegni sull'osso intermascellare, la sua grande scoperta...

UNA DAMA Dicono che gli era venuta l'idea osservando il cranio di un montone trovato sulla sabbia.

UN'ALTRA Sì sì, che anzi all'inizio pare lo avesse scambiato per la testa di un ebreo.

UN PATRIZIO Sarà stato semmai un caprone, allora — (*qualche risata*)

STADELMANN Sempre meglio di tante zucche vuote che si vedono in giro... si imbestialiva, il Consigliere, quando sentiva qualcuno concionare contro gli ebrei — sentiamo, diceva, sentiamo quest'asino che ha da dire la sua su Spinoza...

IL CONSIGLIERE DI PRIMA (*cercando di superare l'imbarazzo del momento*) Prego, osservate l'osso intermascellare umano e confrontatelo, sulla tavola II, con quello del babirussa o, ancor meglio, sulla tavola IV, con quello di un tricheco, di un tricheco giovanissimo, come precisa espressamente il poeta.

UNA DAMA Ma quanto vivono, i trichechi?

IL CONSIGLIERE E questo è il calco di una zanna di mammuth, guardate che zanna, e che bel colore, proprio fedele a quello originale.

IL PATRIZIO Ma è enorme... e se si pensa che è solo un dente...

IL PROFESSORE È mostruoso...

STADELMANN Già, nemmeno io me lo ricordavo così grande... eppure sono io che ho preso il calco e l'ho colorato come voleva lui, e l'ho portato a farlo vedere al conte Sternberg... aveva preso una passione, per questo coso qui, non la finivano più di discuterci sopra, lui e il conte —

IL CONSIGLIERE ECCLESIASTICO E cosa ci trovava, di tanto interessante?

STADELMANN Come, cosa... è chiaro, no? Oddio, chiaro... uno magari sente che sta diventando vecchio, gli dicono che ha scritto libri immortali e lo sa bene anche lui e poi vede questo affare grosso così e pensa che stava in bocca a quella bestia secoli fa, no, millenni, migliaia e migliaia di anni fa, insomma non so quanti, non importa, e allora...

IL CONSIGLIERE ECCLESIASTICO Certo che voi lo avete conosciuto proprio bene, Stadelmann, si vede che gli siete stato vicino, mi rallegro.

STADELMANN (*lusingato*) Insomma...

UNA DAMA Ma come fa un poeta a interessarsi di queste cose aride, di tutte queste ossa e questi scheletri...

STADELMANN (*gravemente*) Gli interessava la grande giustizia della natura, signora, che, come lui diceva, se dà a qualcuno un vantaggio gli dà sempre anche una debolezza, così il conto torna... (*guardando un po' smarrito la zanna*) Chissà dov'era debole questo bestione, che con una zanna così — eppure qualche difetto doveva averlo, infatti non c'è più, si è estinto...

IL PROFESSORE Sì, la classicità vuol dire equilibrio, nella natura come nell'uomo, e il grande poeta —

STADELMANN (*quasi fra sé*) ... ma allora anche per ogni magagna dovrebbe esserci un vantaggio e un vecchio, per esempio, man mano perde forza e salute da una parte, dovrebbe acquistare chissà che cosa da un'altra, e invece... chissà cosa sentiva, questa vecchia bestia, quando andava in giro con quelle grandi orecchie penzoloni... ecco, io credo che il Consigliere, che pure si sapeva tanto più grande delle mezze calzette che gli stavano intorno (*dà involontariamente un'occhiata in giro*) e lo faceva anche vedere, pensasse qualche volta che quella bestia sconosciuta fosse più grande di lui, non so se mi capite —

IL PROFESSORE Sì, certo, il poeta medita sulla caducità degli uomini e sulla natura... e dev'essere stato un tormento per lui, con la sua sensibilità —

STADELMANN Macché tormento, aveva una pelle d'elefante, altro che il mammuth, il mondo intero era una mosca che lui, tàffete, faceva presto a schiacciare e a levarsi di dosso — altro che questi poeti di adesso, queste lagne, questa genìa da lazzaretto, come li chiamava, capaci solo di soffrire, di far finta di soffrire e di imporre agli altri di soffrire, se no guai, hanno paura di non essere poeti... Mentre a lui importava soprattutto che niente, e neanche la poesia, guastasse la festa... come li odio anch'io, tutti i guastafeste, anche se... (*aumentano i rumori festosi e il chiac-*

chierìo, arriva qualche cameriere con qualche vassoio di coppe di vino, musica gradevole sullo sfondo, e Stadelmann si guarda intorno) ... anche se non so proprio quale festa, né qui né là, né adesso né prima, ci sia da guastare...

5.

(*È notte. Stadelmann è nel suo alloggio, vicino alla finestra incrostata di ghiaccio*)

STADELMANN (*passa il dito sulla lastra*) Com'è che diceva? ah, ecco... se si pulisce col dito un vetro appannato dal respiro e subito dopo si soffia sopra di nuovo (*soffia sulla lastra*) si vedono per qualche attimo dei colori fluttuanti, confusi e vivaci... è vero, eccoli... ma come spariscono rapidamente... (*beve*) deve far proprio freddo, fuori, è tutto ghiacciato... che strane figure fa il ghiaccio, fiori, cristalli, ricami... sembra un paesaggio lontano, questo qui potrebbe essere un lago (*punta il dito sul vetro*), e questi gli alberi, e là un monte... (*arretra un po', guardando fisso la lastra*) e là cosa c'è, chi è quel brutto ceffo, quella faccia sgangherata, sconcia... sì, questo sono io (*tocca il vetro col dito*), è il mio riflesso nel vetro, ma chi è quell'altro là dietro, quello disegnato dal gelo, con quelle sopracciglia di ghiaccio, e quella bocca storta...? cos'hai da guardarmi e da farmi quelle smorfie, stronzo, chi credi di essere, il diavolo? (*ride e beve*) Va' là, che se non fosse per questo freddo non potresti neanche presentarti, senza quei ghiaccioli non avresti neanche una faccia — (*tira un po' indietro la testa e guarda*) però come è strano vedere quelle due facce, la mia e... quell'altra...

Beh, non c'è due senza tre, tanto vale ne faccia una terza (*soffia sul vetro, appannandolo, e disegna col dito un viso*) Ecco qua! E adesso, andate a farvi fottere tutti e tre, o quattro, per me fa lo stesso! (*fa sberleffi al vetro, buttando giù ogni tanto una sorsata*)
E ora basta, sparire! (*cancella la lastra dalla sua parte e vi picchia sopra per far cadere le incrostazioni di ghiaccio all'esterno*)
Guarda, guarda, sembra una tormenta, una danza, una fiaccolata (*alza il candelabro e osserva il pulviscolo dei ghiaccioli che cadono scintillando nel riverbero della luce, le gocce brillanti che scivolano lungo il vetro*)
Che stelle, perle, collane... e quelle strisce, quegli scarabocchi sul vetro, come una scrittura indecifrabile... come quell'iscrizione nella vecchia sinagoga abbandonata, che lui mi aveva detto di fare il calco e poi guardava quei segni complicati, senza capire niente, come adesso non capisco niente io... magari sarà un messaggio di quella brutta faccia di prima, e allora tanto meglio per chi non lo sa leggere...
(*passa il dito sul vetro e ci soffia sopra*) Ecco di nuovo i colori, e adesso spariscono, l'ultimo a sparire, come diceva lui, è l'azzurro...

6.

(*In casa Schlosser, i nipoti del cognato di Goethe. Si sta facendo festa a Stadelmann, che racconta vivacemente e scherzando i suoi incontri di quei giorni*)

UNA CAMERIERA (*piuttosto anziana*) Ah, Carl, sei sempre lo stesso! Prima, quando sei entrato d'improvviso dalla porta di dietro, mi hai fatto prendere una paura...

STADELMANN (*afferrandola alla vita*) Sì, le donne hanno sempre paura, ma poi —

LA CAMERIERA (*lo respinge ridendo*) Sta' buono —

LA CUOCA E com'era al Municipio?

STADELMANN Una vera e propria incoronazione, come ai tempi antichi! (*si siede su un seggiolone*) Noi, Sacro Romano Imperatore dell'Ospizio dei Poveri di Jena (*risate, lui beve da una bottiglia che è sul tavolo*)
Servi, un bell'inchino, se no — (*prende una scopa e li minaccia*) Con questo scettro —

UN GARZONE E le dame?

STADELMANN Nobilissime e bellissime, un tirami su che non vi dico! E poi quei ventagli (*prende uno straccio e imita le moine delle dame*), quegli inchini, quei baciamano (*prende le mani della cameriera e della cuoca e le bacia con esagerate reverenze*) E quei lacchè del Municipio, sempre con la schiena piegata come marionette... (*fa meccanici e ripetuti inchini*)
(*Entra Schlosser, il padrone di casa*)

SCHLOSSER Caro Stadelmann —

STADELMANN (*ricomponendosi*) Buonasera signor Schlosser, ero passato a salutarvi. Pensavo di vedervi al Municipio, ma —

SCHLOSSER (*secco*) No, non c'eravamo.

STADELMANN (*un po' brillo*) Beh, in fondo la vera famiglia di un poeta è quella spirituale... (*declama*) Non per niente sta scritto, donna, che c'è fra me e te?

LA CUOCA Niente, per fortuna.

STADELMANN (*a Schlosser*) Ma state sicuro che la famiglia, modestamente, era ben rappresentata. Ho parlato, spiegato, raccontato...

SCHLOSSER Mi fa tanto piacere per voi, Stadelmann.

STADELMANN Come, per me, cosa c'entro io? Per Sua Eccellenza, volete dire –

SCHLOSSER Sì, va bene, va bene. Arrivederci. Stadelmann, buona fortuna (*esce*).

STADELMANN Arrivederci... (*tace*).

LA CAMERIERA Cosa c'è adesso, ti hanno tagliato la lingua?

STADELMANN (*scuotendosi*) Ah sì, e quando quel professorino voleva spiegarmi, a me, la poesia di Goethe, gli ho fatto vedere io, gli ho detto sul muso chiaro e tondo come e qualmente... (*la sua voce si confonde in un chiacchierìo, mentre le luci si affievoliscono e poi si spengono*).

7.

(*Una sala da pranzo in un palazzo cittadino, riccamente imbandita. A tavola il borgomastro, i maggiorenti della città, dame, patrizi, ricchi borghesi, letterati. Da una finestra si vede, in fondo a una piazza, il monumento a Goethe, inaugurato poco prima. Stadelmann è seduto accanto al borgomastro — che è in piedi e sta finendo un discorso — e di fronte alla finestra dalla quale s'intravvede il monumento. È ben curato, con le scarpe che gli hanno dato all'ospizio e la vecchia marsina di Goethe*)

BORGOMASTRO ... di una poesia, dicevo, di una poesia universale che eleva l'anima verso le cose più alte! E sono certo che lo spirito del poeta mi perdonerà se oso dire che qui, in questo momento di gioia profonda, anche il suo travagliato eroe, anche Faust, avrebbe certamente detto, come ognuno di noi: attimo, fermati, sei bello! (*tutti applaudono, lui leva il bicchiere, imitato dagli altri*)
Ma consentitemi ora di levare il bicchiere per il nostro ospite, un uomo umile e fedele che ha avuto il privilegio di essere vicino al grande poeta, di vivere per anni, ogni giorno, nella sua ombra, che dico, nella sua luce, il bravo Stadelmann!

VOCI Viva Stadelmann!

STADELMANN (*è emozionato e si vede che ha bevuto un po', ma è composto e dignitoso*) Grazie, signori, grazie.

UNA VOCE Un brindisi, Stadelmann, un discorso!

STADELMANN Un discorso, io? No, no —

BORGOMASTRO Coraggio, signor Stadelmann, siete fra amici! E poi, guardate laggiù, non vi sembra che anche lui vi dica di parlare, non vorrete mica disubbidirgli —

STADELMANN (*si alza un po' traballante*) E come potrei, dopo tante gentilezze, anche se veramente... (*prendendo il bicchiere in mano, in tono scherzoso*) E a lui, poi (*indica vagamente, col bicchiere in mano, il monumento che s'intravvede oltre la finestra*) non ho mai detto di no, non aveva neanche bisogno di dirmi qualcosa che l'avevo già capito e accontentato...

BORGOMASTRO Bravo, Stadelmann, bravo, siete stato proprio un servitore fedele.

STADELMANN Certo che prima, quando hanno tirato giù il lenzuolo e l'ho visto così imponente, calmo e pacato, non è che... beh, d'accordo, si capisce, è di pietra, non può certo agitarsi, ma — (*risatine soffocate fra i commensali*)

BORGOMASTRO Signore e signori, vi prego! Allora, Stadelmann —

STADELMANN E poi non si è mai agitato, lui, neanche da vivo... proprio una bella statua, complimenti... però quella faccia, e quegli occhi vuoti... Il Consigliere li aveva castani, bruni, con un cerchio azzurro intorno all'iride che qualche volta pareva grigio chiaro, e quando ti guardava — e quel viso là adesso... so che una faccia non vuol dire niente, uno se la ficca addosso come un cappello, e anche noialtri, qui, non è che — (*si guarda intorno, qualcuno ride, qualcuno batte le mani, si sente qualche altro borbottare:* «divertente va bene, ma se fa lo sfacciato... l'avevo detto, io, che non era il caso...»)

BORGOMASTRO Beh, Stadelmann...

STADELMANN E quel mantello, con tutti quei bottoni — guardate invece la sua marsina, quella vera, quella che mi ha regalato — (*depone il bicchiere e mostra in giro la marsina, additando il bavero*)
Vedete qua? Ecco, proprio qui, c'era la sua Legion d'onore, e qui vicino l'ordine di Sant'Anna, sì, quello dello Zar, e un po' più sotto quello austriaco, l'ordine di Leopoldo... adesso si vedono solo un paio di macchie, però —

BORGOMASTRO Bene, bravo... (*in tono solenne*) Caro signor Stadelmann, questa nobile città, che ha dato i natali al più grande poeta tedesco, vuole offrirvi un piccolo, tangibile ricordo di questa giornata indimenticabile! (*gli porge un sacchetto di monete, che Stadelmann prende e tiene per qualche momento confuso in mano, mormorando* «grazie, grazie...» *e poi si mette in tasca. Applausi, grida* «Viva Stadelmann»).
Inoltre la città di Francoforte ha deciso di assegnarvi una piccola pensione annua, che vi sarà recapitata a Jena tramite la direzione dell'ospizio, affinché possiate provvedere a una sistemazione decorosa, per il resto — (*s'interrompe imbarazzato*)

STADELMANN Per il resto, già...

BORGOMASTRO E adesso —

STADELMANN Sì, subito... grazie, vi ringrazio, sono commosso, scusate... come brillano i bicchieri, e i candelabri, e il vino... oro, argento e rubino, giallo bianco e rosso... sempre i colori, come luccicano, e abbagliano... io non — (*beve d'un fiato, depone il bicchiere e si appoggia al tavolo*)

BORGOMASTRO Bene, alla vostra salute, Stadelmann, e poi — (*alza il bicchiere*)

STADELMANN (*alzando anch'egli il bicchiere*) Salute! Ecco, io... cosa vi posso dire? Vi auguro... Sapete cosa diceva, quando veniva qualcuno che voleva sentire una sua parola importante, immortale? E ne arrivavano continuamente a frotte, non ci lasciavano mai in pace, non ne potevamo più... Lui restava in silenzio davanti a una bottiglia di vino rosso e bisognava aspettare, zitti tutti quanti, che avesse finito di pensare, finché lui, dopo aver pensato, si alzava e diceva: «Signori, vi auguro la buona notte!»
(*Risate, qualche battimano*, «insomma»)

UNA DAMA Diceva così anche se il visitatore era qualche bella signora?

STADELMANN (*alzando il bicchiere*) Buonanotte, buonanotte a tutti! Ai gentiluomini e alle belle dame, la notte che scende non fa distinzioni, su tutte le vette c'è pace... pace e silenzio, come ci insegnano le pietre, queste antiche maestre da cui dobbiamo tanto imparare, e soprattutto imparare che non abbiamo niente da dire, come loro... Non ditelo a nessuno, solo ai saggi, perché la gente sa solo riderci sopra... (*mormorii*) Eh già, solo che bisogna essere lui, per scrivere questi versi, e anche per tacere — E

io... (*depone il bicchiere e si guarda intorno confuso, quasi stordito, mentre si sentono commenti divertiti e irritati, poi si riprende e afferra un altro bicchiere*)
Salute! Vedete come la luce si riflette nel vetro e nel vino? Vi voglio raccontare ancora una storia, una bella storia, proprio bella... una volta ho preso un bicchiere di vino, di vino bianco, poi gli ho messo sotto un foglio di carta, bianca anche quella — (*gesticola col calice e un tovagliolo, cercando goffamente di dare l'idea dell'esperimento*)
ecco, così — e come vedete, no, stando lì non potete vedere niente, dovreste mettervi tutti da questa parte, beh, insomma — qui la luce passa attraverso il vino — attenzione Eccellenza, gli dico, se giriamo così il bicchiere (*lo gira*) ecco un sole, se lo giriamo così, eccone due e invece così, *voilà*, eccone tre, tre soli, e si vede anche l'arcobaleno, guardate, proprio come in cielo... e lui, sapete cos'ha detto, lui? «Siete un genio, Stadelmann!»
(*s'interrompe: per un attimo, sulla parete, appare la silhouette di Goethe e si sente la sua voce:* «Siete un genio, Stadelmann!»)

VOCI Bravo! Ma com'è che si fa, che si deve girare il bicchiere? Però! Ma figuriamoci! Ma sì, può essere... bravo!

STADELMANN Sì, ha detto proprio così... e ha aggiunto che ero più economo della natura, perché mi bastava un bicchiere di vino per far apparire tutto quanto... già, mi è sempre bastato il vino, solo con quello ho combinato qualcosa... Ma dovreste vedere che soli meravigliosi e che arcobaleno, qua dentro (*alza il bicchiere, lo rigira, lo contempla*) Quanti soli, quanti arcobaleni e tutto brilla, trema, sparisce... sì, un brindisi, bevo un sole (*beve*), poi un altro e ancora un altro e anche l'arcobaleno, un sorso per ogni colore, no, una bottiglia, sette bottiglie, sette per sette — (*rovescia il bicchiere sulla tovaglia e cercando di rimediare ne rovescia un altro, mentre i vicini si scostano*) Scusate, scusate tanto...

BORGOMASTRO Niente, niente... però adesso dobbiamo veramente andare (*fa cenno a un cameriere*) Accompagnate il signor Stadelmann al *Cigno*
(*Il cameriere si avvicina e prende Stadelmann sotto un braccio*)

STADELMANN Grazie, scusate... Siete un genio, Stadelmann... divertente, no? Un genio...
(*Si avvia verso l'uscita col cameriere, mentre si affievoliscono le luci. Sipario*)

III Tempo

1.

(*Jena. Stadelmann è nel suo letto, all'ospizio, e si agita fra il sonno e il dormiveglia*)

STADELMANN Miei fedeli compagni, abbandonatemi... avanti, proseguite, per voi il mondo è aperto... che ridano pure del vecchio ridicolo, ma vorrei vederli, a scrivere versi così... azzurri, anche Ulrike li aveva azzurri, ma bisogna saper scappare, tagliare la corda, via in carrozza, via da tutti, anche da lei e da se stessi... Via, via, più svelti, prima che si accorgano che ho macchiato la tovaglia, che l'ispettore mi domandi di mostrargli il conto, la nota del sapone — cosa c'è da guardare sotto la tavola, lo so che le suole se ne sono andate e i calzoni sono tutti strappati, là in basso, ho già fatto presente per iscritto allo stimatissimo signor segretario della biblioteca che non è nemmeno decente per Sua Eccellenza che io vada in giro così, e proprio per le celebrazioni di Sua Eccellenza, chissà cosa diranno i vicini a sua madre, invidiosi come sono, povera signora Aja, che sono anni che aspetta una sua visita dopo

tutto è suo figlio e potrebbe anche trovare il tempo, cosa c'entra che è morta, non è una buona scusa, d'accordo che anch'io, sempre di qua e di là, chi la vede, mia moglie, già, separarsi è la morte, diceva... piano, più piano, non c'è tanta fretta di arrivare in quella topaia, anche se adesso voglio vedere... come, Steffi? ah, sono un genio, lo dici anche tu, sì stringimi, che grande gola bianca, hai ancora quella lentiggine sul seno, la luna, due lune, abbracciami, non così, mi soffochi, mi tiri giù, mi fai spandere il bicchiere...
(*si solleva di scatto e si guarda intorno, seduto sul letto, mentre gli altri russano*) Ma dove... ah... che tanfo, che buio, come sempre...

GUARDIANO (*entra a dare la sveglia*) Muoversi, giù da quei materassi.

STADELMANN (*ancora seduto sul letto, fra sé*) Giusto, là in fondo c'è già una sottile striscia azzurra, una striscia di luce azzurra... separarsi è la morte... lui è morto, lei chissà dove sarà e io sono qua... già, qua —
(*i vecchi cominciano ad alzarsi e a scendere dal letto*)

GUARDIANO (*a Stadelmann*) Anche tu, sbrigati.

STADELMANN (*si alza*) Vengo, vengo... un paio di giorni, e poi —

GUARDIANO Sì lo sappiamo, poi verranno a prenderti con i cavalli bianchi — andiamo, andiamo.

UN VECCHIO Ma è vero che ti daranno una pensione?

UN ALTRO, AL VICINO Ma che pensione, tutte balle, per darsi delle arie!

UN ALTRO Ah, gli daranno una pensione, così potrà filar via? Certo che quando uno nasce fortunato...
(*Si avviano verso la porta, e Stadelmann con loro*)

2.

(*Uno stanzone dell'ospizio, nel quale gli altri vecchi stanno aspettando Stadelmann. Lui è sulla porta, sta finendo di parlare con Amalia Schoppe, l'attrice*)

STADELMANN ... vedete? È scritto proprio così, sull'invito per il pranzo (*le mostra un cartoncino*), «Monsieur Stadelmann». E mi dicevano tutti così, Monsieur, signore. Ah, che giorni... sapete, immaginavo che mi avreste domandato com'era andata e mi sono annotato tutto (*tira fuori di tasca un taccuino*) Un piccolo diario, come una volta —

AMALIA SCHOPPE Sono proprio contenta per voi, Stadelmann... signor Stadelmann... dev'essere stato bellissimo. Avete fatto bene a tenere un diario, le cose diventano vere quando sono messe sulla carta, e sapete meglio di me come il poeta voleva che si registrasse tutto, che si tenesse un rendiconto della vita.

STADELMANN Sì, era una sua idea fissa e me l'ha messa in testa anche a me, anche se io, un diario, l'ho scritto solo quando era in ballo lui, le cose che succedevano a lui... di quel che succede a me, non saprei proprio metter giù mezza riga... e anche adesso, in fondo —

AMALIA SCHOPPE È bello, è molto bello vivere così, per qualcuno più grande di noi... ma ora debbo salutarvi, arrivederci. E sono sicura, come si diceva prima, che starete attento a non...

STADELMANN Certo, certo... grazie, arrivederci (*mentre lei se ne va, entra nello stanzone dove lo accolgono e lo salutano come a una festa*)

VOCI Viva Carl, bentornato! (*qualcuno grida* «ecco Goethe», *rimbeccato da altri che lo zittiscono* «che spirito di patata, imbecille!»)

STADELMANN Oh... grazie, amici, non sapevo, non credevo...

UN VECCHIO Ecco, abbiamo pensato che questa qui magari ti farà piacere, guarda che bella (*gli dà una pipa*)

STADELMANN (*rigirandola fra le dita*) Grazie, proprio bella...

UN ALTRO VECCHIO Tanto ormai non puoi ciucciare niente di meglio.

UN TERZO VECCHIO Ci mostri quei talleri che ti hanno dato?

STADELMANN (*tirandoli fuori di tasca*) Eccoli, sono ormai gli ultimi.

IL PRIMO VECCHIO Ma è proprio vero che ti daranno la pensione?

STADELMANN Sì, sì...

UN ALTRO VECCHIO Così potrai piantare questa baracca?

UN ALTRO A proposito, e le mie scarpe?

STADELMANN Ah sì, le scarpe, te le devo restituire, giusto —

IL PRIMO VECCHIO Su, raccontaci qualcosa, com'era il ricevimento, la cerimonia, la festa...

UN ALTRO Dev'essere stata commovente... anch'io una volta —

ALTRE VOCI Dai, Carl, racconta!

STADELMANN Ah, era tutto splendido, splendido... intanto l'albergo, avreste dovuto vedere... e poi tutti gentili, premurosi... e il monumento grande, imponente... bello bello no, ma insomma, l'effetto...

UN VECCHIO E al pranzo, cosa vi hanno dato?

STADELMANN Ogni ben di Dio, trota, arrosto di lepre, fegato d'oca, vini bianchi e rossi... e tanta gente, candelabri, vasi magnifici... e poi i discorsi, e tutti che mi chiedevano...

UN VECCHIO E tu?

STADELMANN E io gli ho raccontato vita morte e miracoli, anche di quella volta che si è sbagliato sul giorno del suo compleanno, che credeva fosse il ventotto e invece era il ventisette...

UN VECCHIO Se è per questo, non occorre essere Goethe, anche Franz, qui, gli ultimi mesi, quando era rimbambito, credeva sempre che fosse lunedì.

UN ALTRO Ma insomma, cosa c'era di speciale?

STADELMANN Tante, tantissime cose! Non so, per esempio... vedete, è che bisogna esserci stati, se no, a raccontarle così... la piazza di notte, tutta buia e con il ghiaccio alle finestre...

UN VECCHIO Sì, perché qui invece fa caldo e c'è sole, di notte.

STADELMANN Insomma, vi assicuro... eppure ho sempre saputo raccontare così bene le cose, le cose che succedevano... e adesso così, sui due piedi, non — ma forse non c'è niente da raccontare, non è successo niente...
(*Mormorìo di delusione, disapprovazione, imbarazzo*)

UN VECCHIO Cosa vi dicevo io...

SCHRAMEK Beh, scoliamoci un goccetto. (*beve*)

STADELMANN E tanti grandi ritratti alle pareti, altro che questi muri vuoti...

UN VECCHIO Almeno ti sei fatto una bella mangiata, beato te.

STADELMANN Comunque grazie... grazie (*beve*)

3.

(*Nello stanzone dell'ospizio. Stadelmann è solo e sta rimettendo a posto alcune cose, tirandole fuori da una grossa borsa da viaggio*)

STADELMANN I pantaloni glieli ho già restituiti, ecco qua invece le scarpe, e poi è tutto in ordine, non c'è più niente da mettere in ordine. Com'era più pesante, questa borsa, quando sono partito, mi pareva di aver messo tanta roba, e adesso — Ah, la marsina — ma dov'è che stavano le medaglie, quasi non lo si vede più, con questa stoffa che va in malora... tutto qui, dunque, un pezzo di stoffa che si consuma un po' più da una parte e un po' meno da un'altra... (*piega la borsa vuota e la mette sotto il letto*)

4.

(*Nel giardino dell'ospizio. Stadelmann e Schramek lavorano con la legna*)

SCHRAMEK Allora, mi passi quella carretta?

STADELMANN Ah sì, scusami. (*gliela dà*)

SCHRAMEK Sbrighiamoci con questa legna, fa proprio freddo.
(*Stadelmann sposta qualche ciocco, distrattamente*)
Ma non quelli, gli altri, quelli ancora da tagliare! Ehi, se devo essere io quello che ha la testa sul collo, stiamo proprio freschi.

STADELMANN Bravo, Schramek, grazie...
(*Pausa*)

SCHRAMEK E insomma, come mi dicevi, a Francoforte è stato bello, no?

STADELMANN Sì sì. Faceva anche più caldo.

SCHRAMEK Ah. (*pausa*) Un sorso?

STADELMANN No, grazie.

SCHRAMEK Beh, io vado dentro, a mettere a posto 'sta roba. Tu poi tira su la segatura e il resto, ti lascio la scopa.
(*esce*)

STADELMANN La scopa... a vederla là, in piedi, così secca, con quel manico lungo lungo... eh sì, la scopa, ma poi ci sono anche gli stracci, il secchio, il ripostiglio, ogni cosa ne tira dietro un'altra, non c'è proprio niente fuori posto...
(*si guarda intorno, prende la scopa e comincia a spazzare*)

5.

(Nel giardino dell'ospizio. Stadelmann è seduto su una panchina; è male in arnese, con gli abiti tutti spiegazzati, la barba lunga, spettinato. Vicino a lui, Steffi)

STEFFI E allora? Cosa pensavi, di tornare a Francoforte a piedi?

STADELMANN Aah, Steffi... ero andato a fare due passi, così... sai che mi piace andare in giro, magari raccogliere qualche bella pietra...

STEFFI Sì, sotto la neve... e anche su quella panchina, cercavi le tue pietre, russando? Se non ti trovavano in tempo, con questo freddo -

STADELMANN Avevo camminato un bel pezzo, così, senz'accorgermi... ero stanco, mi sono seduto per riposare un poco, e poi...

STEFFI E poi ti sei presa una bella ciucca. Beh, puoi ringraziare la fiasca, se non ti sei pigliato un malanno, a startene lì fuori. Però potevi essere anche un po' più gentile, quando sono arrivati. D'accordo, non avranno proprio le maniere più distinte del mondo, ma se non era per loro...

STADELMANN Già, se non era per loro... ma cosa vuoi che siano quelli là, che possano o non possano...

STEFFI *(si siede accanto a lui, gli passa la mano fra i capelli e gli mette a posto la giacca*) Ma guarda in che stato, tutto in disordine —

STADELMANN Va bene, va bene.

STEFFI (*prendendogli un bottone che penzola*) Te lo sei strappato... magari sei capace anche di aver fatto a pugni, ti conosco.

STADELMANN Ma che pugni, figurati...

STEFFI (*scherzosa*) Se provi a presentarti così a Francoforte, a quelle dame gli fai anche colpo, tutto così selvatico...

STADELMANN Aah, ma fammi il piacere, a Francoforte —

STEFFI E tutti quei famosi resoconti che dovevi farmi, e qui e là, quando torno ti racconto tutto, e poi chi s'è visto s'è visto, il signore non ha più tempo di venire in lavanderia, gli hanno regalato tante camicie, tutte di seta fina, che le butta via, non ha bisogno di farsele lavare —

STADELMANN Sì, le camicie — a proposito, devo restituirgli le scarpe, a quello là...

STEFFI Tanto, adesso che ti arriva la pensione, chissà che guardaroba. Ma torniamo dentro, fa freddo.

STADELMANN Sì, ieri — era ieri, no? — là fuori, in campagna, non era tanto freddo... sai, c'era una cornacchia, così nera in tutto quel bianco della neve, ma proprio nera nera, e la vedevo saltellare qua e là, ogni tanto un piccolo volo e poi di nuovo a saltellare... e io dietro, e pensavo, come dev'esser bello poter fare quei salti, così, tac, sei su un ramo, non ti va più e via da un'altra parte, leggeri leggeri...

STEFFI Una volta ti piaceva anche un po' di ciccia... Ma perché non sei venuto subito a trovarmi? Ero così curiosa di sentire, di sapere —

STADELMANN Di sentire cosa? C'è assai poco da dire.

STEFFI Ma alla signorina Amalia sì che le hai raccontato per filo e per segno... caro mio, credo che quella dama, dopo tutto quel trambusto di ieri, non avrà più tanta voglia della tua compagnia.

STADELMANN Beh, affar suo.
(*si mette la mano in tasca, cercando qualcosa*) Ma dove —

STEFFI Cerchi i tuoi talleri? Intanto te n'era rimasto solo uno, dopo quei lussi di ieri, e l'ha preso in custodia l'ispettore, visto che se no, ha detto, finisce nella bottiglia anche quello.

STADELMANN Che razza di gente, subito pronti a — Ma...

STEFFI Hai già pensato dove andare, quando ti arriva la pensione?

STADELMANN Ah sì, dove andare, certo... certo, si capisce, adesso vedrò —
(*si alza, prende la cesta di biancheria*) Lascia, questa te la porto dentro io... (*si avvìa verso l'interno dell'ospizio*)

6.

(*Nella soffitta, che fa da ripostiglio per le lenzuola. Arriva Stadelmann con la cesta di biancheria, dalla scala*)

STADELMANN Ecco, questa la metto qua... no, qua... beh, tanto — quante lenzuola, lavate per esser di nuovo sporcate e poi sporcate per essere di nuovo lavate, finché poi — eh sì, si sfilacciano, si consumano, si strappano... Dio mio, se si pensa quante volte uno si veste e si spoglia ogni giorno, per anni e anni... allora io, vediamo... due volte al giorno... dunque... quaranta, quarantacinquemila volte, più o meno... ma dov'è? ah, eccola qui, qui non la trovano, non gli viene in mente di cercarla (*tira fuori da dietro una cesta una bottiglia con un bicchiere, si versa del vino, beve, si siede su una cassa e se ne versa ancora*)
Ah... (*gustando il vino*) Quarantamila è un bel numero, fa effetto, no, non è da tutti, quarantamila, quarantamila... e quella cornacchia di ieri, per esempio, neanche una volta, ecco la differenza, la metamorfosi degli animali che lo interessava tanto, l'evoluzione, l'ascesa al gradino più alto, quarantamila gradini e si arriva all'umanità, alla dignità dell'uomo...
(*guarda la cassa*) Chissà cosa ci tenevano dentro, prima... magari mele, o patate — brontolano che ci danno sempre patate, ma col sale, in fondo... che legno vecchio, però buono (*accarezza la cassa*)
(*vuota il bicchiere e lo riempie di nuovo, rovesciandosene un po' addosso sul petto*) Ma che — come diventa subito scura, la stoffa... beh, un'altra medaglia, una quarta, quella che ci mancava.

(*tende il braccio col bicchiere in mano*) Come brilla il bicchiere, qua c'è anche il foglio bianco, sì, le lenzuola, anche là fuori, per terra, è tutto bianco, c'è giusto ancora un po' di sole, credo —

(*si alza e monta sulla cassa, guardando verso una finestrella in alto e tenendo il bicchiere in mano, con la sciarpa al collo che gli pende sul petto*)

(*guardando la sciarpa*) Sta proprio andando, tutta così scucita, bisognerà buttarla via...

Sì, c'è ancora il sole laggiù, eccolo là, gonfio e rosso come il cuore di un maiale... (*luci rossastre e alterate si riflettono ondeggiando sulle pareti della soffitta*)

Ma ci dev'essere anche qui dentro (*girando il bicchiere*) eccolo, e anche un secondo, e un terzo, tutti e tre, e poi l'arcobaleno, come in cielo, come un serpente, ma perché stringe, finirà per rompere il bicchiere, cos'hanno quelli là da spalancare così la bocca, cosa credono, anche se sono tre, tre soli...

(*si toglie la sciarpa, tenendola in mano dritto sulla cassa*) ci penso io, sono un genio, no... e allora, giù uno (*beve*), giù un altro, e un altro (*beve*)

e poi anche l'arcobaleno, ecco, così... (*beve*)

(*le luci si affievoliscono, come quando il sole è appena sparito*)

E adesso il bianco sembra grigio, no, azzurrino, azzurro... anche la sciarpa doveva avere diversi colori, non proprio sette, ma — e dov'è che...

(*continua a parlare fra sé e a gesticolare, in piedi sulla cassa con la sciarpa in mano*)

7.

(*Nello stanzone dell'ospizio. Molta gente, confusione*)

UN MEDICO Niente da fare. Era ancora caldo, ma — (*fa un gesto di indifferente impotenza*)

IL DIRETTORE DELL'OSPIZIO Non capisco come possa essere successo, come nessuno si sia accorto — ah ma qualcuno la dovrà pagare, è la prima volta che succede una porcheria simile, eppure Dio sa se non ne sono passate, per di qua, di carcasse — e mai, dico mai, in tanti anni...

UN GUARDIANO Ma guarda un po' come ha annodato bene le due corde, una vera treccia, e in più ancora la sciarpa —

UN VECCHIO Ma cosa è successo?

ALTRI VECCHI Oh Dio! — Ma no, è impossibile — Chi? — Io l'ho visto per primo, ho visto un'ombra lassù, vicino alla finestra, che penzolava — Povero Carl! — Ma dove, come...

ISPETTORE Andate via, andate di là, c'è già abbastanza confusione!

UN VECCHIO Ma è vero che toccava con i piedi per terra, dico il coperchio della cassa?

GUARDIANO Sì, non capisco proprio come possa esser-

si impiccato, mah, avrà tirato i piedi indietro, così, e allora —
(*fa il gesto di piegare un piede all'indietro*)

STEFFI (*in disparte, piangendo*) Diomio, Diomio, Carl, e a guardarlo sembra che sorrida...
(*Suono di trombe, grandi colpi sulla porta esterna. Questa si spalanca e si vede una sfarzosa carrozza — nella quale si riconosce, nonostante i vistosi addobbi, quella in cui aveva viaggiato Stadelmann — e quattro cavalieri in alta uniforme su cavalli bianchi bardati e impennacchiati. Davanti a tutti il Messo, con una busta sigillata in mano. Tutto il gruppo è irreale, fantasmagorico e operettistico*)

MESSO In nome della libera città di Francoforte devo consegnare questa busta, sigillata dal borgomastro, al signor Carl Wilhelm Stadelmann, pregando il medesimo di rilasciare una regolare ricevuta firmata.

UN VECCHIO Non può...

MESSO Certo che può, ognuno può, se non lo fa è perché non vuole e se si è cacciato in qualche guaio è colpa sua, poteva stare attento, l'Ufficio non può pensare a tutto.
Qui (*apre la busta*) c'è la delibera con la quale la città di Francoforte elargisce all'egregio signor Stadelmann un vitalizio perpetuo, assegnandogli inoltre un'abitazione con giardino, alla cui manutenzione provvederà la stessa municipalità di Francoforte. Invito pertanto il signor Stadelmann a presentarsi, a firmare e a seguirmi nella sua nuova residenza

(*Squilli di trombe. Si sente una voce che assomiglia a quella di Goethe:* «Stadelmann, firmare la ricevuta!»)

STEFFI Non c'è...

MESSO Come, non c'è? All'Ufficio risulta che ci sia. Ma c'è poco tempo, la strada è lunga e abbiamo tante altre visite da fare, non possiamo aspettare, oggi è già la terza volta che arriviamo troppo tardi, a dire il vero, da quando sono in servizio, siamo sempre arrivati troppo tardi, e così le buste si accumulano e le case con giardino restano vuote. Sono spiacente, ma senza ricevuta regolarmente firmata... (*Squilli di tromba; messo, carrozza e cavalieri spariscono, la porta si chiude*)

IL MEDICO (*avvicinandosi al Direttore, dopo qualche momento di pausa*) Allora, come il solito, possiamo avvertire l'università...

DIRETTORE No, stavolta no, dite all'istituto che per la lezione di anatomia si cerchino un cadavere da qualche altra parte, tanto non ne mancano... è un esplicito desiderio di Sua Altezza Serenissima la Granduchessa. Capite, è per un riguardo verso la memoria di Goethe...
(*Sipario*)

Finito di stampare
il 15 settembre 1988
dalla Garzanti Editore s.p.a.
Milano

67240